教!
全国
丛书.

U0690453

班主任
工作技能

教育部师范教育司组织评审

雷小波　涂光辉　编著

BANZHUREN

GONGZUO

JINENG

湖南师范大学出版社

图书在版编目(CIP)数据

班主任工作技能 / 雷小波，涂光辉编著 . —长沙:湖南师范大学出版社，
2016. 6

ISBN 978 - 7 - 5648 - 2470 - 9

Ⅰ.①班…　Ⅱ.①雷…　②涂…　Ⅲ.①班主任工作　Ⅳ.①G451.6

中国版本图书馆 CIP 数据核字(2016)第 104245 号

班主任工作技能

雷小波　涂光辉　编著

◇修订组稿:李　阳
◇责任编辑:向纯武
◇责任校对:蒋旭东
◇出版发行:湖南师范大学出版社
　　　　　　地址/长沙市岳麓山　邮编/410081
　　　　　　电话/0731 - 88873071　88873070　传真/0731 - 88872636
　　　　　　网址/http://press. hunnu. edu. cn
◇经销:新华书店
◇印刷:湖南雅嘉彩色印刷有限公司
◇开本:710mm × 1000mm　1/16
◇印张:13. 5
◇字数:235 千字
◇版次:2016 年 6 月第 1 版　2019 年 2 月第 2 次印刷
◇书号:ISBN 978 - 7 - 5648 - 2470 - 9
◇定价:30. 00 元

前 言

　　全面推进素质教育，是当前我国现代化建设的一项紧迫任务，是我国教育事业的一场深刻变革，也是教育思想和人才培养模式的重大进步。实施"中小学教师继续教育工程"，提高教师素质，是全面推进素质教育的根本保证。

　　开展中小学教师继续教育，课程教材建设是关键。当务之急是设计一系列适合中小学各学科教师继续教育急需的示范性课程，编写一批继续教育教材。在教材编写方面，我司采取了以下几种做法：

　　（1）组织专家对全国各省（区、市）推荐的中小学教师继续教育教材进行评审，筛选出了200余种可供教师学习使用的优秀教材和学习参考书。

　　（2）组织专门的编写队伍，编写了61种教材，包括中小学思想政治、教育法规、教育理论、教育技术等公共必修课教材；中小学语文、数学，中学英语、物理、化学、生物，小学社会、自然等学科专业课教材。上述教材，已经在1999年底以《全国中小学教师继续教育1999年推荐用书目录》（教师司［1999］60号）的形式向全国推荐。

　　（3）向全国40余家出版社进行招标，组织有关专家对出版社投标的教材编写大纲进行认真的评审和筛选，初步确定了200余种中小学教师继续教育教材，这批教材，目前正在编写过程中。我们将陆续向全国教师进修院校、教师培训基地和中小学教师推荐，供开设中小学教师继续教育相关课程时选用。

在选择、设计和编写中小学教师继续教育教材过程中，我们遵循了以下原则：

1. 从教师可持续发展和终身学习的战略高度，在课程体系中，加强了反映现代教育思想、现代科学技术发展和应用的课程。

2. 将教育理论和教师教育实践经验密切结合，用现代教育理论和方法、优秀课堂教学范例，从理论和实践两个方面，总结教学经验，帮助教师提高实施素质教育的能力和水平。

3. 强调教材内容的科学性、先进性、针对性和实效性，并兼顾几方面的高度统一。从教师的实际需要出发，提高培训质量。

4. 注意反映基础教育课程改革的新思想和新要求，以使教师尽快适应改革的需要。

中小学教师继续教育教材建设是一项系统工程，尚处在起步阶段，缺乏足够的经验，肯定存在许多问题。各地在使用教材的过程中，有什么问题和建议，请及时告诉我们，以便改进工作，不断加强和完善中小学教师继续教育教材体系建设。

教育部师范教育司

编写说明

　　班级是学校进行教育教学活动的基本单位。作为班级的教育者、组织者和管理者的班主任，始终站在班级教育教学工作的最前列，担负着培养班集体、促进全班学生身心和谐发展的神圣而艰巨的任务。

　　一个班有几十名学生，他们的家庭文化背景、个人生活经历和先天素质都各不相同，要把他们组织起来，并形成一个坚强的班集体，需要班主任付出巨大的精力和相当多的时间。由于这个工作涉及面广，内容繁琐复杂，班级中大量的事务需要具体分析、具体处理，因此，一名合格的班主任，既要遵循学校教育教学一般规律，又要掌握从事班级工作的特殊技能，才能使班级工作既具规范性，又富有艺术性和创造性。基于这一点，我们于 1995 年编写出版了《班主任工作技能》一书，受到了广大一线教师、相关培训机构和在校师范生的欢迎。从1995 年出版至今，随着我国基础教育改革和发展的不断深化，我们深感原书迫切需要充实和完善。因此，在关注学校班级管理理论和实践的基础上，我们以不同的形式听取了培训学校师生和在任班主任的意见，重新编写了这本《班主任工作技能》，希望能为广大班主任教师和即将担任班主任工作的师范院校学生提供更大的帮助。

　　本书以为在一线从事班主任工作和即将从事教师职业的大学生提供一本基础性同时具有操作性的教育参考

书为宗旨，融基本理论和技能训练于一体，侧重于技能训练，从多个侧面探索班主任工作技能形成的诸多途径、训练方法、训练模式及操作程序等，并力图做到理论与实践统一、学习与训练统一、管理与教育统一、集体教育与个别教育统一、一般教育与特殊教育统一。如果本书能够引起广大班主任和未来班主任关注自己多种工作技能的培养，并自觉地在自己的实践中加以训练、修正和提高，那将是编者最大的收获。

本书由雷小波、涂光辉共同设计、撰写、修改定稿。雷小波负责撰写第三、四、五、九、十、十一、十二、十三章，涂光辉负责撰写第一、二、六、七、八章。在撰写过程中，我们参考和借鉴了诸多前辈和同行的大量著作和研究成果，有的已在书中注明，有的可能疏漏了，在此一并致以诚挚的谢意。

由于我们的水平有限，时间仓促，不足之处在所难免，恳请各位读者在使用过程中不吝赐教。

编　者

目　录

第一章　了解班级学生

　　班主任受学校委托，负责全面关心、教育和管理一个班，他的工作千头万绪，但头一件事就是了解班级学生。全面正确地了解学生是教育学生的前提。没有对学生正确的认识，就不可能有正确的教育。班主任每抓一个新班，或是整顿一个乱班，每开展一次集体教育活动，或者是对个别学生进行教育，每制订一个切实可行的计划，或是对做过的工作进行总结，都要从实际出发，具有针对性，这就需要从了解学生入手。只有这样，才能避免工作的盲目性、简单化，克服一般化、公式化等弊病。

第一节　了解班级学生的内容和途径

　　了解班级学生，就是要获取全班学生学习、思想等各方面的信息，它包括学生的学习、生活、道德、政治、审美认知、情感、意志、信念、心理特征和个性特点等状况及其变化和发展的情况。班主任了解的对象是几十个天真活泼的青少年，他们的情况人人各异，时时不同，变化多端。由于了解对象的复杂多变，对不同的学生班集体和不同的学生个人要通过不同途径，采用多种方法，从多方面了解。

一、了解学生的基本内容

　　了解学生的内容是极其丰富的，但作为班主任要有的放矢地做所在班级的全面工作，对班集体和集体中的每个学生必须了解一些基本的内容。

（一）了解学生班集体的基本方面

（1）学生总人数，男女比例；

（2）学生家庭地址，居住区的社会风尚；

（3）家长职业状况，从事体力劳动和脑力劳动所占的比例；

（4）学生在家中的排行情况，独生子女所占的百分比；

（5）学生家庭类型：一般型、特殊型（如父母缺一）、复杂型（如三代同堂）及其比例；

（6）学生家庭物质条件，家庭收入、平均生活费；

（7）班集体的人际关系，师生之间、同学之间、骨干与群体之间的关系状况；

（8）集体舆论形成状况，有无是非观念、团结气氛；

（9）班集体的进步状况，队员、团员人数，各占全班人数的比例，团队组织的思想状况和工作状况；

（10）班集体的兴趣、爱好及传统项目；

（11）班集体的学习状况，学习成绩优、中、差各占比例，智力发展水平情况；

（12）班集体的健康状况，近视眼的百分比和发病率，基本健康、有慢性疾病或残缺现象的百分比。

（二）了解学生个人的基本方面

（1）学生的集体观念，在集体中的地位及与同学相处的情况；

（2）学生在家庭的地位，每月的零花钱及花钱的习惯；

（3）学生的生活习惯和作息时间安排；

（4）学生的学习成绩、学习态度、学习习惯和方法及不良情况出现的原因；

（5）学生能力发展的状况，有何爱好和特长；

（6）学生最喜欢的教学方法，最尊敬的老师；

（7）学生课余爱看哪些书刊；

（8）学生课余多参加什么样的活动；

（9）学生课余常和哪些人玩耍；

（10）学生的气质如何（多血质、胆汁质、粘液质还是抑郁质等）；

（11）学生初步形成的性格怎样；

（12）学生遵守纪律的自觉性和文明习惯的养成情况；

（13）学生的思想道德状况，是否要求上进，具有什么样的价值观，心目中崇敬哪些人；

（14）学生身心发展的情况，有无身心疾病及诊治情况。

总之，了解学生班集体就是要得到全班学生的一般情况，学生德智体发展的全貌及班风与传统等；了解学生个人的情况，主要包括个人的兴趣、爱好、学业、品德、身体等德智体全面素质发展及在家庭中的地位与社会交往情况。一般来说，了解学生个人是了解学生集体的基础，而了解集体有利于更深入地了解学生个人。在工作实践中，往往了解班级和了解学生个人是同时进行的。

二、了解学生的途径

教育心理学研究证明，学生的学习、生活、道德、政治、审美等方面的品质是在社会生活实践活动中形成、发展和获得的。学生的主要社会实践活动是学习，他们的学习活动内容丰富多彩。因此，了解学生的途径必然是多种多样的。如：从课前准备和课后复习、作业状况了解学生的学习态度和学习能力；借上学、放学途中与上课、下课、课间与学生接触的机会了解学生的兴趣、特长和人际关系；通过科技活动和游戏活动了解学生自觉遵守规则、独立性、创造性和组织能力发展的状况；通过学生的交友关系了解班集体中非正式群体的数量、性质和首领；通过看电影、电视及阅读等情况了解学生的兴趣倾向、情绪特点和追求；通过主题班会和团队活动了解学生思想境界和集体责任感；通过对公私物品和零花钱的使用了解学生的道德品质和行为习惯；通过家庭社会专访了解学生身心发展的状况和在家的表现等等。

上述了解学生的途径多用于对个体学生的了解，且随意性比较大，是什么样情况就了解到什么样的情况。如果要对某学生或学生集体的某个问题作全面系统的或深入的了解，就必须使了解学生问题的内容有效地反映班主任了解学生的意图。于是，班主任在做了解学生的准备工作时，应将要了解的内容具体化。如武汉市硚口区教委对汉口街小商品市场辖区的四所中学进行的一次个体户家庭文化对学生思想的影响的调查中，便首先把"个体户家庭文化"的"文化生活状况"分解为"文化程度""文化消费""文化爱好""家庭文化环境"等具体内容。尤其是了解团体成员对某个问题的认识时，可以将要了解的内容具体化为许多指标，以量表或问卷的方式表示出来，使其成为调查、了解学生的一种工具。班主任可以用它搜集各种意见或材料，也可以用它来测量、了解学生的某一方面的情况，获取班主任希望获得的信息。

三、技能教育 1–1

【教育内容】

对了解学生的某个问题，进行具体内容的设计。

【教育目标】

通过教育，使受训者明了学生对某个问题的认识或某方面的情况，不能太抽象，而要将问题具体化，并初步掌握将问题分解为各具体内容的方法。

【教育程序】

1. 学习并掌握了解学生的基本内容和途径。
2. 提供范例。

案例 1–1–1

中学生参加消费型业余文化活动情况①

项目	每周一次以上	每月一次以上	偶尔去	没去过
台球				
麻将				
电子游戏机				
录像				
电影				
舞会				

3. 根据学生的实际情况，确立需要了解的问题。通过对某个问题了解

---

① 武汉市硚口区教委. 浅析个体户家庭文化对学生思想的影响［A］. 社会文化生活与中学德育调查文集［C］. 北京：中国人民大学出版社，1990.

所获取的信息，可供制定教育学生策略用，也可以作研究学生发展教育规律用。

4. 分析所了解问题的内涵。有的问题的内容是极其丰富的，要对这些问题作全面深入的了解，必须认真剖析问题的丰富内涵。如了解学生树立理想状况，包括职业理想、生活理想、道德理想、社会政治理想等。

5. 分析具体内容，或以表格表现出来，或以问卷的方式表现出来，以便了解时操作。

第二节　了解班级学生的主要方法

了解学生应采用多种方法，以便对通过不同方法了解的情况进行比较分析，提高对学生情况掌握的可靠性。了解学生要根据对象的不同情况选择不同方法，但一些基本的方法既适用于了解学生个人，也适用于了解学生群体。

一、了解学生的几种主要方法

（一）观察分析法

观察分析法，是一种凭借感官感知学生及与学生有关的人和事，搜集学生有关信息材料，并进行分析与综合的方法。

在教育研究中采用的观察法，可以分为直接观察与间接观察、参与性观察与非参与性观察、自我观察与客观对象观察。直接观察是身临其境，直接感知，感受真切。间接观察要借助于观察屏等仪器感知人或事，以克服观察时产生与常态发生偏差的现象。参与性观察是以普通活动者身份参与学生活动而进行的观察，不只停留在外部可见、可测的现象上，而要深入到人的内在感受，发现非参与性观察所不可能发现的问题。非参与性观察以不介入观察对象正常活动为原则，如观察对象已习惯于在观察者在场的情况下正常进行活动，观察到确实是自然条件下发生的现象，可以提高观察结论的可靠性。自我观察法又称内省法，每个人都存在着一个不同于外部世界的内心世界，只有通过自我感受，才能探索到自我意识形成的规律，这是一种用于了解人类自身的方法。客观对象观察是指以观察主体以外的人和事及活动为对象的观察方法，上述两类都是客观对象观察法。

班主任使用观察法，除利用学生日常学习生活的一切机会进行随意性观察捕捉有用信息外，通常情况下多是在明确的目的指导下进行的。它要求事先明确观察的具体目标，准备好获得信息和保存信息的手段，进行多次、反复的观察，及时分析、处理观察所得信息。同时，要求观察者观察要主动、敏锐，判断要客观、准确，分析要全面。

（二）资料分析法

这是一种通过对有关学生的书面材料进行分析来了解学生的方法。有关学生的书面材料记载着学生各方面的情况，分析这些资料可以全面把握学生德、智、体、美、劳和家庭、社会交往等方面的情况，了解学生每一个方面的历史、现状和发展变化的情况与趋势。这些情况既是班主任有的放矢地教育学生的依据，又是与家长联系交流教育信息的重要内容，还可以让学生了解自己，以明确自己努力的方向。

有关学生的资料很多，大致可分为三类：一是学生档案资料，它包括学籍册、历年的学业成绩、操行评定、心理档案、体格检查表、有关奖励和惩罚记载、入团申请书等；二是班级记录资料，它包括班级日志、班会和团队会议记录、班团活动的计划和总结等；三是学生个人写的资料，如日记、作文、各科作业、学习笔记、各种答卷、墙报资料等。

使用这种方法了解学生，应特别尊重资料所提供的事实，正确地认识和理解资料。为此，对资料的正确分析应克服两种倾向：一是带上成人色彩，使分析结果产生偏差；二是抱有成见，带着老框框在资料中找佐证材料，这样是不会有正确结论的。因此，作为班主任通过资料分析了解学生，一定要树立从资料出发，而不能从现有结论或主观想象出发的观念，避免非科学的错误和产生不符合实际的结论。

（三）个别谈话法

师生之间的谈话有许多方式：有与几个学生或全班学生一道谈的集体谈话；有与某个学生单独谈的个别谈话；有师生共同明确目的的指向性谈话；有不使学生觉察目的的无拘束谈话；有调查性谈话；有协商性谈话等。我们这里采用的是以了解学生为目的的调查性谈话，且往往以个别谈话为宜。调查性谈话要求按照预先准备好的问题，学生逐一回答，用以收集学生有关情况的资料。

　　要通过个别谈话达到获取学生真实信息的目的，必须做到：事先确定好谈话的内容和方式，包括事先了解谈话对象的个性特点；谈话的态度要诚恳，师生在民主的气氛中进行；要有启发性，调动谈话对象的主动性，使其积极反映有关的真实情况；要尊重事实，引导学生敞开思想，去掉顾虑。此外，切忌不要让学生产生有错误才谈话的印象，避免学生对个别谈话产生误解，影响谈话的真实性。

（四）问题讨论法

　　要了解学生对某个问题的看法，必须在班主任的指导下，组织学生就某个问题开展讨论，通过各抒己见，甚至是争辩，使道理愈辩愈明。一方面可以达到共同提高认识的目的，另一方面也有利于班主任在较深的层次上了解学生的道德观、价值观、人生观。

　　要达到组织讨论了解学生的目的，首先要注意的是善于提出学生最关心或感兴趣的问题；要启发学生敞开思想，围绕须了解情况的主题，作好准备，充分发表自己的意见；把讨论与辩论结合，养成学生讲道理的习惯；培养学生坚持真理、修正错误的好品德，但要掌握火候，善于调解因不同意见而产生的争执，使讨论正常进行。

（五）调查访问法

　　调查访问法是针对学生情况或某个有关学生教育问题进行考察了解的方法。一般意义上说，上述各种方法多属于调查访问法的具体方式。资料分析叫书面调查；个别谈话和问题讨论叫询问调查；观察也可称直接调查。我们在这里主要讲间接调查。它是指班主任通过对与所要了解的对象有关的人，如家长、同学、朋友、任课教师等进行调查，从而获取所要了解对象（某人、某事）情况的方法。班主任运用这种方法往往能够获得在直接调查中难以得到的信息材料。

　　使用这种方法了解学生情况，要尽量采取个别访问，以免调查对象因人多怕泄密而不敢说真话；应尽量选择能够客观反映情况的人进行调查，一般不宜选择与了解对象关系最好或最差的学生作调查；要为反映情况的人保密，以免造成学生之间的矛盾。

（六）实例剖析法

　　实例剖析又称个案分析。它是指抓住某一件或几件能够反映学生思想信息的实例进行认真的剖析，从而获取反映学生情况带规律的东西。

运用这种方法了解学生，必须注意选择有代表性的实例。实例分析的目的是从同类对象中，寻求共同的规律。只有深入地剖析有代表性的事例，才能透过错综复杂的现象发现事物内在的本质；要处理好个别与一般的关系，只有先从个别到一般，再由一般到个别地去认识问题，才能使剖析的结果真实、可靠。如有可能，要尽量多做几个实例剖析，因为同类的事物也各有其差异，多剖析几个事例，掌握的情况就会越多，这样可以避免班主任在工作中用实例剖析所认识的规律来指导工作时可能出现的偏差。

二、技能教育 1 - 2

【教育内容】

1. 针对学生的某一问题，进行个别谈话设计。

2. 针对学生某一问题，作出调查访问设计。

3. 举一后进生实例，进行实例剖析。

【教育目标】

通过教育，明了了解学生方法使用的程序，应注意的问题，初步学会运用个别谈话、调查访问、实例分析法等去了解学生。

【教育程序】

1. 学习并掌握了解学生的方法种类及运用的要求。

2. 提供范例。

案例 1 - 2 - 1

"千万注意你们班的林林，他在初一时就拿刀子捅同学。"刚拿到分班名单，就有同事善意地提醒我。听闻此消息，我不禁纳闷：这该是怎样一个学生？

把孩子们接到班里后，我便特意留意起林林：瘦瘦小小，戴着一副银边眼镜，很斯文的样子，低着头静静地坐在位子上。他会拿刀子捅人？我有些怀疑。接下来几天，我一直暗中观察他，并从其他同学那里了解到：他对周围的一切人和事都毫不关心，一直生活在自己的小天地里。

看来，这是一个内向的孩子，并且已紧紧封锁心门，把碧海蓝天、鸟语花香全都挡在心门之外。可是，他才多大啊！

于是，我利用网络，仔细查阅了相关资料。一个阳光明媚的早晨，我把林林约出来，小心地交谈着，并慢慢向主题靠拢，期待他能跟我说些什么。虽然他当时言语不多，但随后在他的随笔中，我得到了答案："爸爸妈妈，很忙，很忙……学习不好，同学不喜欢我……电脑能让我活得更快乐……"这分明是一个渴望交流但又不知该如何与人交流的孩子。

于是，我同几个班干部进行了商讨。之后，课堂上，我特意给林林营造展示自我的机会，并及时给予鼓励和赞扬；课外活动，同学们主动拉他参加游戏；课余时间，我们就坐到他旁边，随意地聊聊天。开始时，他的话很少，几乎都是我们在说；慢慢地，他的话多了起来，并能参加到讨论中来。虽然他仍不会主动找人交谈，但那日渐晶亮的眼睛却告诉我：他很喜欢这个班级，也很信任这个班级。

此后，林林慢慢地转变着，我仿佛看到一朵清新的百合花已悄然绽放在林林的心田。多年过去了，我仍记得这个叫林林的男孩，是他让我牢牢记住：真正意义上的教育，不仅仅是帮学生掌握多少知识、提高多少考试分数，更应该是老师与同学所共同经历的一段情感交融的生命历程。①

3. 阅读上述案例，运用所学理论分析案例中班主任了解学生取得成功的经验。

4. 根据学生的实际情况，确定一个需要了解的问题和对象。

5. 根据问题的性质和对象的特点，选择了解学生的方法。

6. 进行实际了解，搜集所需要的信息。

7. 以正确的结论指导教育实践。

第三节　了解班级学生的障碍

"人心不同，有如其面。"要真正了解每个学生，亦非易事。但是，作为班主任首先应有高度的责任感和至诚的心去了解学生，才能掌握学生的内心世界。班主任要经常去接近、关心、体贴学生，使学生感到班主任可亲、可敬、可信、可爱，只有这样学生才愿意亲近班主任，在班主任面前

---

① 隋青，徐卫平. 心田上的百合花开 [J]. 班主任，2014 (5).

敞开心灵的窗口，说真话，表真情。

有关研究表明，班主任在了解学生活动中的师生心理状态，也直接影响了解学生过程中信息的收集和分析，从而影响了解的结果。因此，如何运用心理学原理，分析了解学生过程中双方可能产生的心理障碍与所产生的偏差，采取适当措施调节心理活动，提高了解结果的客观性和准确性，具有非常重要的意义。

一、班主任易产生的心理偏差

班主任是现实生活中活生生的人，他们在了解学生的过程中，总是渗透着个人的意识倾向，以个人的认知、情感、意向和个性特征去了解、认识学生对象，因此往往有可能产生心理偏差。这些偏差主要表现在：

（1）情感效应偏差。这是由班主任与学生之间的感情关系生成的。当班主任与被了解学生有着某种特殊的良好感情关系时，或对于那些与自己的感情关系较差的学生，都容易造成了解结果的失真。

（2）定势效应偏差。班主任在了解学生中，易受定势的心理支配。因为班主任根据往常的经验，头脑中固有同类情况的印象，在了解学生的过程中，极易把了解对象纳入主观固有的某种类别中，不顾了解对象的实际情况，因而易得出与实际不相吻合的结论。

（3）晕轮效应偏差。是说班主任对学生的个别特征的过分关注和重视而影响到对学生其他特征的正确了解和分析。这种现象出现在教育实践中容易产生两种偏差：一是以差概好，根据学生的某个特征形成较差的印象后，把其他的弱点也加在他（们）的身上；二是以好概差，因对被了解学生的某个优点产生好感，而把其他的优点也归于他（们）或忽略其缺点，或认为缺点无关紧要。

（4）首因效应偏差。这是指班主任根据自己对学生的初步印象作出不全面的结论。社会心理研究证明，人的第一印象是非常重要的。班主任与学生初次接触也会产生初步印象，但学生给班主任留下的初步印象并非他的本质特征，往往是一种表面的东西，或是学生为了迎合班主任表现出的假象，班主任容易把这种表面的、个别的、造作的特征当成本质特征加以分析对待。

（5）从众效应偏差。它是指班主任受从众心理支配，主动放弃自己在了解学生过程中感知得来的看法，自觉接受其他任课教师的意见，从而产生对学生的认识偏差，甚至出现系统误差。从众效应对认识学生主要的优缺点有积极的作用，但它不利于深入了解学生的个体表现，不利于准确地把握学生的思想信息。

（6）权威效应偏差。班主任受到某种权威的影响或压力而放弃自己了解学生得来的结论，称权威效应偏差。这种权威可以来自某人的权力，也可以来自某人的威望。当权威的印象符合客观实际时，权威效应产生积极的作用，但当权威的印象不完全符合客观事实时，权威就成了正确了解、认识学生的障碍。

（7）参照效应偏差。班主任在了解某个学生或学生集体时，因其他学生或学生集体形象的参照而影响对被了解学生或学生集体的看法。班主任面对的学生多数是好学生，而对那些表现平平的学生也会产生不好的印象；相反，班主任面对的学生多数调皮，而对那些表现平平的学生却会产生良好的印象。这些都影响班主任对学生作全面深入的了解。

（8）求全效应偏差。班主任有时凭借自己的地位和权威，采取过高求全的眼光去衡量学生，或者把学生或班级预想得十全十美，结果却并非完美无缺，因而多看到学生的缺点和毛病，难以形成全面的看法。受这种心理影响，在班主任的眼里好学生变成了一般学生，较好的学生又成了差生。

班主任的心理偏差，影响了了解分析学生的准确性和客观性，阻碍着正确教育学生和提高教育学生的质量，因此必须寻找防止和消除这些偏差的措施。其主要措施有：

（1）班主任要深刻认识了解学生这项工作的意义。客观地了解分析学生是教育好学生的前提，是有的放矢、提高教育效率的可靠保证。

（2）班主任应加强自身学习。学习哲学、教育心理学、儿童心理学、教育学等学科知识，提高教育理论水平。

（3）班主任要提高自身心理素质。一旦观察出现偏差，要实行自我调节，及时纠正偏差，以免影响了解分析学生思想信息的真实性。

（4）采取心理偏差的补救措施。在了解学生过程中，有些偏差难以消除，可以采用恰当的方法加以补救。如：进行了解后的再了解、分析后的再分析，以求结果的准确性；听取其他教师或学生对有关问题的意见，用以证实获取信息的可靠性。

二、被了解对象易产生的心理偏差

在了解学生的过程中，被了解对象的心理偏差直接影响了解分析的结果。因此，研究被了解对象易产生的心理偏差对正确了解认识学生具有重要的意义。

（1）畏惧效应偏差。作为被了解对象的学生或家长，与班主任接触，不了解班主任的意图，易产生畏惧感，这种畏惧感来自于班主任的权威、了解问题的气氛、了解后的结果等。一般说来，与班主任接触甚少的学生由于畏惧心理产生的偏差更加突出，有时还可能出现了解情况进行不下去的现象。

（2）应付效应偏差。有时被了解的学生或家长对班主任要了解的情况采取不认真负责、不严肃的态度，这种情况就会产生一种消极的应付效应。它主要表现在对待班主任的谈话、座谈或访问态度冷漠，无动于衷，或者不说话不发言，或者随随便便敷衍几句，或者刁难挖苦，故意开玩笑，因而，影响了解情况的顺利进行和所获信息的可靠性。

（3）迎合效应偏差。迎合效应也是一种在防卫本能支配下的消极效应，属于一种弄虚作假现象。迎合效应主要表现在被了解者投其所好，捉摸班主任说话的意图，按班主任的倾向行事，舍弃事实的真相和自己的见解，因而了解结论出现偏差。

（4）文饰效应偏差。班主任了解学生的目的就是为了取得对学生的正确认识，以便施以正确的教育措施。但有的学生或家长不能正确地理解班主任的意图，把与问题有关的人和事掩盖起来，或怕承担责任，把存在的问题归因于别人（其他的同学或老师），文过饰非，从而影响班主任获取信息的客观性。

要消除学生心理偏差产生的消极影响，必须采取有效措施：

（1）提高被了解对象对班主任了解情况的认识。事先，班主任要让学生或家长明了真实反映情况的重要性，班主任了解情况是顺利开展班级工作、正确教育学生所必需的。

（2）师生之间要建立民主、平等的关系。班主任在工作中切忌独断专行，搞"一言堂"，而应集思广益，博采众长，经常广泛地听取学生、家长和任课教师的意见，尊重每个同学对班级工作提出的批评建议，创造班集体的民主气氛。

（3）培养学生的自我意识。自我意识是指人们对于自己及自己与周围关系的认识，它包括自我观察、自我评价、自我监督、自我教育等形式。班主任要为学生创造社会交往的机会，使他们逐渐认识自己的存在和力量，认识自己与周围人们的关系，认识自己的义务。学会将现实的"自我"与班主任期待的"自我"相对照，不断地重新修正自我印象，从而自觉与班主任配合了解认识"自我"，不断地完善自我。

三、技能教育 1 – 3

【教育内容】

及时发现并消除被了解学生心的理障碍。

【教育目标】

通过训练使受训者能运用所学知识去发现了解学生过程中所产生的心理障碍，并初步学会消除心理障碍的方法。

【教育程序】

1. 学习并掌握消除被了解学生心理障碍的方法。

2. 提供范例。

案例 1 – 3 – 1

早读时，语文老师气冲冲地走进我的办公室，说："你们班李威的素质太差，我是教不了了。"我忙问怎么回事。

她说："我检查作业，谁知李威又说没做完。这也就罢了，但他还强词夺理地说些不着边际的谎话骗人。太气人了，你去处理一下吧。"

我知道李威爱说谎，我也多次被他骗过。李威都敢跟我这个严厉的班主任说谎，对语文老师说谎也不是什么"不可理解"的事。于是，我怒气冲冲地走进教室，把李威"拎"出来，厉声训问："写完语文作业了吗？"

李威小声说："没有。"

我继续吼道："为什么没写完？"

李威把说给语文老师的理由重复了一遍："昨天放学后，我在校园里遇到一位不认识的老师。他说现在的语文教材换了，想借我的书看看到底有什么变化，我就把课本借给他了。因为没有课本，所以我的作业没写完。"

　　李威的话说得"滴水不漏"，里面竟还夹杂着"教材变动"的信息，听起来似乎蛮真实的。但是，我绝不相信李威说的是真话。因为这个"撒谎大王"总会想尽办法把谎言说得跟真话一样，这些说不定是他处心积虑收集来包装谎言的。

　　"编，接着编，编成一部电视剧。"我用嘲弄的眼光看着他。

　　李威的脸顿时红了起来，他争辩道："我没有说谎，就是因为有位老师借走了我的语文课本，我才没写完作业的。"

　　看着李威急红脸的样子，我用讥讽的语气说："李威呀李威，以前你说谎从来不脸红，这次咋就脸红了呢？"

　　李威像受了侮辱一般，扯着嗓子喊道："这次我没说谎！"

　　见李威死不承认，我更生气了："别再狡辩了！你这谎话张口就来的本领谁不知道！你只有老老实实承认错误，给语文老师写检讨书道歉才是出路！"

　　见我发起火来，李威终于低下了头。回到教室，他认真地写起了检讨书。

　　没过多久，教另一个年级的董老师手里拿着一本语文书走进办公室，说："史老师，昨天我在校园里遇一个学生，随手借了本语文课本，却忘了问他叫什么，也忘了告诉他我是谁。麻烦你帮着给查查是哪个班的学生，我好把书还给他。"我忙问："是不是个男生？你借书时是不是说看看教材有什么变化？"

　　董老师说："是呀！这么说是你班的学生了。太好了，书交给你，等下课了帮我还给他吧，请帮我说声谢谢。"

　　我一下子不知道该如何去面对李威了——他果然没有说谎，他眼里的泪水确实是极度委屈的泪水……

　　我把李威的检讨书小心地收起来，然后把自己刚刚写完的检讨书双手捧着递给他——我当时唯一能做的，就是向这个被我侮辱的学生道歉，恳请他原谅。

　　老师们，没有一个人会永远说谎，学生更是如此，千万别因为我们的心理偏差伤害了他们。①

---

　　①　史峰. 没有人会永远说谎［J］. 班主任，2014（2）.

3. 仔细阅读上述案例，用所学知识分析案例，说说案例中叙述的在了解学生过程中是谁产生过心理障碍，又是谁以什么方法消除了心理障碍，最后了解到问题的真实情况。

4. 将分析的结果写在作业本上。

5. 以小组为单位，宣布自己分析的结果。

6. 开展讨论，如有不同的意见通过充分的讨论后，将几种有代表性的意见组织在全班发表，还可以开展辩论，交流意见，集思广益，使问题获得全面深刻的解决。

7. 以小组为单位开展自评，小组认定等级。

第二章　组织班集体

　　班集体是学校教育、教学的基本单位，是学生学习、生活、发展的直接环境。一个优秀班集体对学生良好的发展产生极其深刻的影响。然而，优秀的班集体不是自发形成的，它是班级所有的任课教师根据社会、学校的要求精心培养的结果。班主任作为班级的组织者、领导者和管理者，在培养班集体的过程中担负着特别重大的责任。在学校教育中，只有让学生生活在优良的班集体之中，德、智、体、美各方面素质才能得到充分发展，才能保证学校的教学质量大面积提高。因此，如何培养班集体，是班主任面临的重大课题，也是班主任进行班级工作的中心环节。

　　班集体不是学生的简单集合，一个班集体的形成应该具备几个条件，那就是：要有集体成员认同的共同目标；要有坚强的领导核心；要有正确的舆论和良好的班风；要有健全的规章制度。班主任组织培养班集体就得按班集体形成的条件进行，通过各种途径和方法，努力创造应具备的条件，促进班级由松散阶段、散聚阶段，到形成阶段，再到成熟阶段，步步形成，逐级发展，使其成为一个良好的集体。

第一节　提出班集体奋斗目标

　　目标是指某一行动所要达到的最终目的，或某项工作所预期达到的某种结果的标准、状态。任何一个机构都为实现一定的目标而设立，任何一个人都为实现一定的目标而行动，班主任工作也是为达到一定的目标而进行的。有没有一个明确的奋斗目标，是班集体是否形成的重要标志。因此，班主任组织培养班集体首先要明确奋斗的目标。

一、班集体目标的教育功能

班集体的共同奋斗目标是班集体发展的规划，是班集体教育每个成员的灵魂，它的确立，显示出巨大的教育功能。

1. 指向功能

目标犹如航标，指引航船沿着正确的方向到达彼岸。它对全班学生的活动、行动具有指向作用。它把全班师生联结在一起、团结在一起，朝着共同的方向努力，成为全班师生统一认识和统一行动的纲领。设计正确的奋斗目标能指引班级活动和个体行为沿着正确轨道前进。相反，目标不正确，会使集体活动和个体行为偏离正确轨道。

2. 动力功能

目标是预期的结果，只有通过努力才能达到，因此它具有推动作用。这种推动作用主要表现在：一是对集体成员起着鼓舞人心、催人奋进的作用；二是集体成员会被展现在面前的符合班级实际水平的新前景所吸引，并激发出高度的责任感、荣誉感；三是鼓励大家为达到预定目标而努力克服困难，使班集体始终朝气蓬勃，不断前进。

3. 评价功能

评价可以强化班级工作的信心和态度；可以反馈信息，提高班级建设水平；可以获取教育和自我教育的信息，提高班级整体素质和成员素质。目标就是评价的标准，以目标为标准评价班级工作成效的大小、质量的高低。

二、提出班集体目标的原则

班集体目标是学校总目标的分目标。它要受学校总目标的制约。学校总目标决定着班集体的奋斗目标，提出班级集体奋斗目标要以学校总目标为依据；班级集体奋斗目标影响着学校总目标，实现学校总目标要以班级集体奋斗目标的实现为保证。

班主任提出班集体奋斗目标必须遵循以下原则：

1. 全面性与关键性相统一

所谓全面性，是指班主任提出班集体奋斗目标时要考虑到班级的全面工作，全面体现班级的基本任务，使班级的各组织和每个成员都有明确的目标要求。所谓关键性，是指提出班集体奋斗目标时要抓班级工作的主要矛盾，突出重点，不能搞包罗万象、面面俱到，使提出的奋斗目标既能体现全面要求，又抓住了关键。

2. 一致性与灵活性相统一

所谓一致性是指提出的班集体奋斗目标要同国家的教育目标、上级教育行政部门和学校的教育目标保持一致，子目标与总目标保持一致，以保证上级目标和学校目标的实现。所谓灵活性，是指提出目标时要从班级学生集体的实际出发，充分发挥本班的优势和长处，使提出的目标有一定的弹性。也就是说，班主任提出的奋斗目标，既要保证上级目标和学校目标的实现，又能充分发挥本班的主观能动性，以利于奋斗目标教育功能的充分发挥。

3. 集体性和个体性相统一

提出班集体奋斗目标，不是班主任说了就算，而应充分发动学生，发扬民主，发挥班级整个集体的智慧和力量，提出多种方案，择优决策。这样，在确定班集体奋斗目标时，既能保证集体目标的质量，又重视了学生的个人目标，把二者很好地协调起来，保持基本方向上的一致，以利于真正激发学生实现班集体奋斗目标的积极性。

4. 具体化与数量化相统一

班主任提出的奋斗目标不是一句空洞的口号，应该让学生看得到，摸得着，做到行动有明确的方向，检查有依据，考核有标准。因此，提出的奋斗目标要具体、明确，多用可以量化的指标描述。对于难以量化的目标，也应尽量具体化，并定出衡量的标准，以便实施和考核。

5. 先进性和可行性相统一

所谓先进性，是指班集体奋斗目标要具有一定的难度，经过努力才能达到；或者具有一定的挑战性，要激励学生你追我赶。所谓可行性，是指奋斗目标不能定得过高，要符合学生的年龄特点、思想觉悟、生活经验、集体发展的水平，为多数学生所认同，做到切实可行。如果提出的目标高不可攀，脱离学生实际，则失去它存在的意义。

三、提出班集体目标的方法

班主任提出的集体目标要具有阶段性和层次性。从实现目标的时间上说，可把目标分为近景目标、中景目标和远景目标；从提出目标的水平上说，可把目标分为高、中、低等不同档次，要求不同层次的学生分别达到。远景目标是通过中景目标、近景目标的实现而逐步实现的，高级目标是通过中级、低级目标的实现而逐步达到的。因此，远景、中景、近景目标和高、中、低级目标是相对的，近景、低级目标达到了，中景目标就成为近景目标，中级目标也就成为低级目标了。这样，一个目标实现了，又有新的目标在等着班集体成员去实现，班级就能保持积极向上的态势，在远景目标、高级目标一步步接近、实现的过程中，良好班集体也就在一个个目标实现的过程中逐步形成。因此，提出的奋斗目标应当由近及远，由易到难，实现一目标后，立即又提出一个要求更高的目标，以推动集体不断向前发展。

提出集体目标的方法多种多样。一般说来，主要有两种基本的方法。

（1）师生共商法。所谓师生共商法是指由班主任同班干部或全班同学一道讨论提出集体目标的方法。这种方法多用于发展状况良好的班集体。采用这种方法可以集思广益，使提出的目标更合乎实际，确保目标的可行性；可以更加满足学生的情感需要，使提出的目标更易内化为学生的自觉需求，并主动为之奋斗，增强目标的吸引力和激励性；可以使学生和班主任沟通感情，使提出的目标更具有凝聚力，还有利于培养学生自我教育的能力。但是，这种方法在学生还不具备共商的条件和水平的情况下，也在一定程度上表现出它的局限性。

（2）班主任定夺法。所谓班主任定夺法是指班主任作出决断，向班级提出要求作为集体必须达到的目标的方法。这种方法通常用在班集体的初建时期或暂时处于混乱状态的班级。它的最大缺陷是不利于调动班级成员的主动性、积极性。因此，它要求班主任在提出要求之前，必须深入学生中进行细致的调查研究，使提出的目标尽可能地符合学生的实际，切不能脱离学生实际、随心所欲乱提班级目标，即使目标已经提出，也要向全班学生作反复的讲解、动员，使目标逐步转化为学生自觉奋斗的方向，切不可要求学生盲目地执行，挫伤学生的主动性和创新精神。

四、技能教育 2－1

【教育内容】

班主任向班级学生集体提出奋斗目标。

【教育目标】

通过训练使学生深刻理解"近期目标""中期目标"和"远期目标"的含义及它们之间的关系，熟悉提出目标的原则、方法和步骤。

【教育程序】

1. 学习班主任提出班级目标的理论，明确提出目标的方法。

2. 提供范例。

案例 2 – 1 – 1

长期目标：全班同学都要认真刻苦地学习文化科学知识，达到70%的同学升入高中、100%的同学毕业的目标；人人都要以实际行动为班级增光添彩，成为全校执行《中学生守则》《中学生日常行为规范》最好的班级之一；半年内达到学校良好班集体水平，一年内达到县级优秀班集体水平；少先队员心里飘着"队旗，团旗，党旗"，争取早日加入共青团，到毕业时力争三分之一的人成为优秀共青团员。

中期目标：培养热爱党、热爱社会主义、热爱祖国的思想感情，树立为集体、为民族做贡献的献身精神；培养学生艰苦奋斗、遵纪守法，具有良好的行为习惯、较好的生活自理能力；培养正确的学习态度、科学的学习方法、良好的学习习惯，形成求实、探索、团结、进取的学风，成为智能型人才。

短期目标：①纪律：本周争取获得纪律流动红旗；遵守到校时间，本周力争没有迟到的同学；认真做好早操和眼保健操；值日班长认真做好本职工作，维护班级纪律，鼓励同学自觉遵守纪律。②卫生：本周争取获得卫生流动红旗；值日生按时到校打扫卫生；利用课间时间保持讲桌和学生座位周围的卫生。③学习：上课认真听讲，不做与上课无关的事情，减少说闲话的次数；按时完成作业，不抄袭；同学间成立学习小组，相互帮助，共同提高成绩，争取后进生文化课成绩及格率达到90%，优秀率达到50%。

针对班级目标，结合在实现目标过程中可能遇到的困难，我们觉得需要从以下几方面入手：①建立学习小组，给差生每人指定一个指导小老师进行一对一全包干，帮助解决学习中的一切困难，监督学习的情况并作好记录，每星期班主任检查一次，以此来监督指导后进生的学习。②热情帮助，真情感化。对待违纪学生或学习遇到困难的学生，我们不能孤立、疏远他，要动员同学们耐心地帮助他，真诚地关心他，以实际行动感化他，使其去实现自我教育，让道德内化为习惯。③个人制定自己的奋斗目标，在老师的督促下，在同学的关注下逐步去实现。①

3. 班主任深入班级成员中，通过召开座谈会、进行个别谈话等方法全面了解班级的情况。

4. 班主任根据所了解的情况和学校、上级教育行政部门的要求，提出班级集体目标的总设想。

5. 班主任组织师生参与目标的制定，在发动学生讨论并征求科任教师意见的基础上确定班集体的总目标。

6. 根据班集体总目标的要求，班级团队组织和各小组制定团队组织目标和学习小组目标。

7. 组织学生制定个人目标。

总之，班集体目标的制定应采取"自上而下，层层开展，自下而上，层层保证"的办法，使提出的目标科学、民主，得到各方的认同，并激发起师生努力达到目标的责任感和期望感，让目标成为师生为之奋斗的动力和方向。

第二节 形成班集体核心

在班集体目标确定之后，要使每一个目标得到全体学生的拥护和认同，使每个学生都成为班集体的主人，首先要建设一支能独立工作的班级学生干部队伍，并使他们都明确各自对集体的责任。因此，培养骨干、形成班集体核心，是实现集体目标的重要环节。班级中的学生干部是班集体的骨干，也是班主任的得力助手。一个班能否形成一个团结和谐的、有集体荣誉感的、有正确政治方向的集体，班干部是关键。由班干部形成的集体核心是班集体形成的标志。因此，班主任应重视班干部的选择和培养，让他们在班集体的形成和发展中充分发挥作用。

----

① 何玉英. 制定班级奋斗目标［J］. 英才苑教育科技，2009（6）.

一、选拔班干部的标准和策略

从某种意义上说，班干部得力与否，是否能形成坚强的核心，是一个班级以至一所学校工作好坏的最主要因素之一。所以，班主任选准班干部至关重要。选拔班干部的标准是：

（1）德、智、体、美、劳各方面发展较好；

（2）有一定的工作能力，有一定号召力；

（3）热心参加班集体活动，热心为大家服务；

（4）有某方面的爱好和特长；

（5）有较好的人际关系，善于团结同学。

班主任在选拔班干部时，对这些标准的掌握应考虑班级的实际情况。一句话，就是要选拔出学生中的优秀者、在全体同学中有一定威信的人作为班干部。

班干部不能搞"终身制"。班级成员的发展是不断变化的，有的发展快些，有的发展慢些，各方面的素质发展也不平衡。班主任要时常注意去发现新的积极分子，让更多的学生得到锻炼和培养。如实行班干部轮换制，尽可能给更多的学生提供为班级服务的机会，帮助他们得到多方面锻炼，学会自我管理，从小学会民主生活，体验集体和个人的价值。同时，班干部轮换制也能避免学生干部任期过长影响学习以及滋生骄傲情绪的弊端。值得注意的是在做干部轮换工作时，必须让全班学生明确认识到轮换制的好处，激发他们为班级服务的热情，做到下的干部愉快，上的干部乐意，全班学生视轮换为理所当然。同时，也应注意更换干部的民主性和相对稳定性问题。这些，都是我们选拔干部的重要策略。

二、选拔班干部的基本方法

选拔班干部的方法没有固定的模式，必须根据班主任所在班级的实际情况决定，大致有两种不同情况应分别加以考虑。一种情况是班上多数学生基本情况都较好，班主任对班级的情况基本上熟悉，班主任可从中指定一些人分别管理各项班务工作，经过一段时间在工作中进一步考察和了解，更加摸清了他们的情况，班级成员对他们也有初步认识之后，再由全班同学无记名投票，差额选举正式的班干部。另一种情况是班上多数学生表现较差，班主任对班级情况不够了解，积极分子也难以发现，则可由班主任暂时包办班务工作，指定临时的值日生或值周生来完成班上的一些日常事务。同时，迅速发现相对具有某些优点、具有一定号召力的学生，根据他们的爱好和特长，由班主任分配暂时承担某方面的工作，在为班级服务的实际活动中，进一步发现他们的能力和特点。过一段时间之后，再进行民主选举。

总之，在选拔班干部时，既要掌握一定的标准，又不可要求过高，要从班级的实际出发，也要以发展的观点看待学生，确定人选。

三、正确培养和使用班干部

一般说来，青少年学生有强烈的自尊心、荣誉感，有为大家服务的愿望，有搞好工作的热情，这是正确培养和使用好班干部的心理基础，班主任应抓住这些心理特点进行培养。培养与使用班干部必须处理好以下几个关系。

1. 具体指导与放手工作的关系

一般情况下，班干部上任后集体责任感较强，"当家作主"的愿望较高，但他们的认识水平、工作能力、组织才干都处于学习、积累阶段，在工作中班主任要适时加以具体指导，和他们共同分析、讨论班上的现实情况，指导他们研究、制订班级活动计划，教给他们处理问题的工作方法，让他们在工作实践中逐步提高认识问题、分析问题和解决问题的能力。然而，这些能力的提高，又只有将学生干部置身于纷繁复杂的人际关系中，切实充当一定的角色，从而体验集体的力量，认识自身在集体中的价值时才能实现。因此，班主任要把具体指导与放手工作结合起来，这样，既能有效地建立起班集体核心力量，顺利推动班级工作，同时又对培养学生干部的独立工作能力具有积极意义。

2. 使用与提高的关系

班干部是实现班级目标的助手，班主任要依靠他们，大胆地使用他们，使他们积极地协助自己开展工作。但是，如果只使用不提高，班干部容易滋生优越感，逐渐失去其骨干作用，对良好班集体的形成极为不利。因此对班干部既要大胆使用，又要注意提高，提高是为了更好地使用，在使用中得到提高，把使用和提高结合起来。为此，班主任应随时观察他们的表现，有针对性地组织学习，特别要帮助他们树立全心全意为全体同学服务的思想。

3. 群众监督与自我批评的关系

班干部树立群众观点、发扬民主作风的重要条件，就是既能自觉地接受群众的监督，又能开展自我批评。班干部勇于开展批评和自我批评的班集体是一个生机勃勃、奋发向上、充满活力的集体。反之，班干部就会脱离群众，班集体离心力增大，以致成为一个涣散的集体。因此，班主任应着力培养班干部严于律己和发扬民主的思想作风。

4. 因人制宜与统一要求的关系

因人制宜，是指班主任要根据学生干部各不相同的情况，采用恰当的方式方法，有针对性地进行培养、教育。统一要求，是指学生干部都应具备一定的基本条件，每个干部都应达到一定的标准。班主任如果不根据班干部不同的情况有的放矢地进行培养、教育，就很难收到实效，培养班干部的目的就会落空；若不按班干部的基本标准要求他们，无一定目标，就会造成培养干部过程中的盲目性和随意性，不可能培养出班级组织的核心力量，影响班集体的形成。因此班主任要根据学生干部个人、不同学段、不同班级的特点区别对待。年龄越小，班级的基础越差，越需要班主任给他们更多具体的帮助，往往需要手把手"扶"着他们学习如何工作；初中阶段，要侧重进行群众观点、集体观点和为人民服务思想的教育，训练他们独立思考、独立工作的本领；高中和大学阶段，则应加强共产主义道德、情操、意识的教育，鼓励他们发挥创造性，放手让他们独立开展工作。

四、技能教育 2 - 2

【教育内容】

培养班干部的自治自理能力。

【教育目标】

1. 进一步明确培养、教育班干部对形成班集体的意义。

2. 全面了解对班干部的基本要求。

3. 初步学习制订根据不同特点培养初中班干部的方案。

【教育程序】

1. 学习有关理论，掌握培养班干部自治自理能力的正确方法。

2. 提供范例。

案例 2 - 2 - 1

培养班干部的自治自理能力

在第二届未来班组建班委会时，我先让同学们选出了他们自己满意的正副班长，然后我宣布由两位班长自己确定任命班委。由于刚进初中，大家还不熟悉，这无疑给两位班长出了一道难题。因此我决定发动大家自荐，以培养更多人的奉献精神。于是，我以布什为竞选总统穿着印有"请选我当总统"字样的背心长跑宣传、罗马尼亚的中学生如何参加学校管理等为例，教育大家：一个人从小就应有自信心、进取心和为公众、为社会尽职献身的精神，这绝不是出风头和骄傲，而是高尚、正直和勇敢的体现。果然，放学后，三十多位同学拥到班长那里报名。两位班长为了照顾大多数报名者，决定一个委员设两名，整个班委任期两个月，"第二梯队"、"第三梯队"随时准备接替"不称职的班委"。这既是对未任命者的安慰，又是对新干部的警策。13 人组成的班委，可谓"机构臃肿"，但是为了争取连任，干部们不得不挖空心思地没事找事干，于是生活委员杨伟昭的"红领巾银行"成立了，宣传委员沈建的小报《鸣蝉》"出版"了，劳动委员潘芳奕的卫生管理条令订出来了，文娱委员罗梦琴的"五线谱讲座"也开始了……总之，新干部的荣誉感和少年儿童的自我表现欲望促使工作的主动性、创造性产生了。①

3. 通过案例分析，了解培养、教育班干部的意义。

4. 通过案例分析，掌握对班干部的基本要求。

5. 参照案例分析初中学生干部的特点。

6. 初步制定一个培养初中学生干部自治能力的方案。

---

① 李镇西. 建立班级制度 [J]. 班主任，20013（6）.

第三节　培养良好的班风

　　班风，是指一个班级的精神面貌。它是经过长期细致严格的教育在全班师生中逐步形成的一种行为风气，一种不易更改的习惯势力。它通过全体成员的思想、言行、风格、习惯等诸方面表现出来。它虽然是一种摸不着、测不到的精神状态，但班集体成员随时随处都可以感觉到这是一种强制性很强的力量。

　　班风与校风密切相关。校风是班风的温床，班风是校风的组成部分；校风影响班风，班风促进校风。学校的校长、班主任和全体教职工只有协调一致，相互配合，才能有效地培养良好的校风和班风。

　　班风是巩固和发展班集体的必要条件，是班集体形成的综合标志。有良好班风的班级，首先能普遍地珍惜自己的班集体成员的身份，为良好的班风而感到光荣、自豪。这样的班集体不仅可以更加巩固，而且可以往更高水平发展。

　　班风是一种巨大的教育力量。良好班风和正确舆论总是相辅相成，相互强化，相互影响，成为无形又无声的教师，且其教育影响力不受时间、空间的限制，无时无地不在发挥巨大的教育作用。它使在其中工作、学习的学生，人人都具有教育者与受教育者双重身份，为班级的每个学生成长、发展提供一种有效的动力和压力，在那占优势的心理气氛中不断进步。

　　同时，班风也将影响社会风气。班风影响社会风气主要通过两条渠道发挥作用：一是在良好班风熏陶下成长的学生是社会好风气的带头人，通过学生对社会发生影响；二是班风的内在凝聚力和外在的扩散力把学生家长一定程度地卷进来，使他们接受班风的直接影响。所以，班风不仅有约束、教育每个班集体成员的作用，而且将对社会产生深远的影响，具有不可忽视的现实的和长远的意义。

　　良好班风的形成是长期教育和实践的结果。加强良好班风的建设，是班主任进行班级管理和教育的重要内容。培养良好的班风，班主任应着重做好以下几项工作。

一、确定班风标准

班风标准就是要在班上树立什么样的风气。班风标准通常是用几个字简要明确地概括，如"勤奋、团结、求实、创新""勤学苦练，全面发展""敬、竞、静、净"等。它的内在涵义，可以用文字或口头加以解释。如"敬"是人人相互尊敬，"竞"是人人争上游，"静"是人人行为稳当，"净"是人人讲究卫生。这种解释可以使师生明确奋斗方向，把握好班风内容。确定班风标准的依据有国家颁发的德育大纲、学生守则之类的政策、规定文件、学校的法规、班集体的实际情况等。班风标准的确定要发动师生讨论，民主决定，使确定班风标准的过程成为发动群众、提高认识、统一认识的过程。讨论越充分，认识越深刻，越有自觉性，这为培养良好班风提供起点、打好基础。

二、培养正确舆论

良好的班风要靠正确的舆论支撑。班内舆论是以议论和褒贬的方式肯定或否定班集体的动向或其成员的言语行为。正确的舆论，就是根据是非标准进行褒贬，该肯定的就肯定，并予以表扬和鼓励，该否定的就否定，并进行批评和谴责。正确的集体舆论对每个成员都有熏陶、感染和约束作用，对集体是一种"凝聚剂"。一个良好的班集体的舆论具有正确、积极、一律、一贯的特点，它必须建立在全班占压倒优势的正确认识和言论的基础之上。因此，抓住时机，加强思想政治教育，提高学生认识，是培养良好班风的中心环节，通过提高学生认识为良好班风的形成提供思想基础。

三、注重行为教育

对班风的内涵要有正确的认识，班风的体现则要有正确的行为，要把认识和行为辩证统一起来。因此良好班风的培养必须有意识地、持之以恒地训练学生的行为。学生的行为教育应根据班风标准进行。在进行学生行为教育前，要将班风标准分解为具体的行为规范，并从班级的实际出发，将这些行为规范逐步提出，逐步实施。某些具体规范一经提出，全班师生必须处处遵守，不能朝令夕改，不允许有任何违反的行为。然而，任何规范的实施，学生出现反复，发生违反规范的行为，并不奇怪，问题的关键在于出现反复就应反复地抓，坚持不懈，必见成效。同时，青少年也易于时冷时热，而一种风气的形成有如逆水行舟，不进则退，解决的办法也只能不断强化，通过检查、总结、评价、纠偏、恰当的批评、表扬等方式，有的放矢地进行教育，使良好的班风在苦练和强化中逐渐形成和发展。

四、善于抓住时机

班风的培养是一个细水长流的过程，必须坚持经常性的教育与训练，不可一日松懈。同时，班主任还要善于抓住一些时机培养班风。例如：新生入学、新学期或新学年开始、节日活动、检查评比等等，班主任要抓住这些时机对学生进行班风的集中教育。特别是在班上出现一些涉及原则问题而学生又未能正确认识的事件时，班主任要及时抓住时机，通过积极的思想斗争，充分讨论、辩论，使大家分清是非，以推动正确舆论的形成，促进良好班风的发展。

五、骨干引路带头

班风是班级群体中形成的一种共同习惯和风气，它的形成总要经历一个由点到面、由少数到多数、由压力变动力、由不自在到习惯的过程。推动这个过程的前进，除做好上述工作外，还要靠榜样的作用，靠历史上的英雄模范、社会上的先进典型，更应靠班级群体中的教师和学生骨干。可以说，班风是班级教师和学生骨干思想、作风的扩大和发展，其中班主任起着主导作用。班主任和班级骨干是班风的倡导者、先行者，要同学们做到的他们应先示范、先做到，日复一日，坚持不懈，才能带出一种风气来。

六、技能教育 2－3

【教育内容】
掌握培养良好班风的技能。

【教育目标】
1. 明确班风教育的意义。
2. 熟悉班风教育的过程。
3. 模拟制订班风教育的方案，初步学会如何培养班风。

【教育程序】
1. 学习有关理论，掌握培养良好班风的技能。

2. 提供范例。

案例 2 - 3 - 1

建设良好班风，班主任是领导者、组织者、教育者。在建设良好班风的过程中，班主任应注意以下几点：

一、摸清情况，掌握信息

知人才能育人。摸清学生具体信息是做好班主任的前提。所谓摸清情况，掌握信息，主要包括以下几个方面。

在与学生会面时，初步了解学生，提早认识学生。如果师生首次见面，老师就能叫出学生的名字，学生就会对老师产生好感，师生关系密切起来对日后开展工作很有帮助。因此，每接手一个新班，我总在开学前认真翻阅、研究新生的学籍册，使我的工作开展得很顺利。在接手新班后，深入了解学生，研究学生。通过找学生谈话、家访等，了解学生的思想品质、学习成绩、兴趣爱好等，多方面、多层次、多渠道地了解和研究学生。

二、树立榜样，以身作则

榜样是多种多样的，可以名人为榜样，也可以班中全面发展的学生为榜样。榜样就在身边，班主任本身也是学生的榜样。班主任如果工作踏实、勤教学，这个班也会表现出勤奋好学的班风。因此，班主任要事事处处以身作则，如天气不好、刮风、下雨时，学生一般迟到较多，班主任可提早到教室等候。每次劳动、搞卫生，班主任都应参加，并积极带头干。

三、开展活动，积极参与

组织或指导学生开展丰富多彩、健康有益的文体活动，也是班主任建设良好班风的重要手段。班主任积极参加活动，学生就会感到和蔼可亲，是他们的良师益友。同时，学生是活动的主体，让学生有表现才能的机会，从中发现别人和自己身上的优缺点，既可以看到自己的作用，又看到集体的巨大力量，从而增加集体意识，对班级产生强烈的归属感、责任感和荣誉感。①

3. 根据新时期要求和班级实际情况确定班风标准。

---

① 黄泽玉. 构建良好班风之我见 [J]. 广东教育，2008（5）.

4. 根据班风标准，确定宣传内容，开展思想教育，形成正确舆论。

5. 将班风标准分解为具体行为规范。

6. 从班级实际出发，规定具体规范实施步骤，并一一执行。

7. 根据班风标准要求和班级实际情况，制订相应的教育活动计划。

8. 向班干部提出培养班风的具体要求，使教育活动计划得到实施。

第四节　健全班级规章制度

班级规章制度是班集体为实现共同的奋斗目标而制定的规则、法规。它是集体按一定程序办事的章程，也是集体中每个成员必须遵守的行为准则。一个班集体为了管理的需要、教育的需要、形成良好班风的需要，必须从本班的实际出发，结合校规校纪，制定出切实可行的规章制度，并要求学生严格遵照执行。

一、班级规章制度在班集体形成、发展中的作用

班级规章制度实质上是社会规范在学校生活中的具体表现形式，也是班集体形成和发展的准绳。一个班集体是否已经形成，就要看它有没有班集体成员共同遵守的严格的规章制度。严格的规章制度从正面告诉集体中的每个成员应该怎么做，不应该怎么做，怎么做才是对的。因此，它对班集体的形成和发展具有重要的作用。首先，它具有导向作用，引导学生遵守一定的规章制度，培养学生的组织性、纪律性，以严格的自觉的组织纪律促进集体凝聚力的形成和增强，使班集体沿着正确的方向发展。其次，它具有约束作用，约束学生的言行不能违背班级的规章制度，让学生按一定的规章制度锻炼自己，锻炼顽强的意志，并养成严格要求自己的好习惯，以此增强班集体的战斗力。然而，规章制度的执行，要与说服教育相辅相成。它与正面的舆论宣传、良好的班风影响相结合才能充分发挥其约束作用。

二、班级规章制度的内容

班级规章制度的内容包括学生学习、生活、各项活动的规范。大致有

四个方面的内容，即：（1）学生在校学习、生活的常规制度；（2）为建立班级良好的教学秩序而制定的课堂纪律及评比制度；（3）按照国家的有关规定，帮助学生妥善安排一天时间的学习、活动、睡眠的规定；（4）清洁卫生制度，包括室内、室外环境的清扫和保洁。这四种制度都不可缺少。其具体名目有：作息制度、卫生制度、住校生生活制度、课外活动制度、团队生活制度、班级干部责任制、班主任职责、体育锻炼制度、优秀班级标准、奖惩制度、课堂公约、食堂公约、寝室公约等等，这些制度可以帮助学生有规律地学习和生活，提高学习和生活的效率与质量，使学生德、智、体全面发展得到保证。

三、制定班级规章制度的过程

制定班级规章制度的过程，就是组织学生共同学习、讨论，从正面对学生进行组织纪律教育，不断提高学生组织纪律性的过程。在这个过程中应注意以下几点：

（1）制定班级规章制度要体现党和国家教育方针政策的要求，要符合学生的特点和班上的实际。要组织学生学习有关规定，并结合班上的实际组织讨论，以提高对所制定的规章制度的认识，达成共识，成为内驱力，使其具有权威性。这些规章制度既不能与学校规章制度相违背，又应有利于学校规章制度的贯彻执行；既要考虑到在本班的有效性，又不能影响其他班级的学习和生活；既要强硬，有惩罚措施，又不能有体罚、变相体罚等不符合教育法规要求的条文。

（2）制定班级规章制度要经过全班师生的反复酝酿，认真研究确定。内容要明确、具体，要求要科学合理，文字要准确、简练，且易懂、易记又易行。

（3）制定班级规章制度要严肃、慎重，有关规定要有相对的稳定性，不能朝令夕改，否则会丧失规章制度的权威性，使学生无所适从，以致造成班级秩序混乱。

（4）班级规章制度一经制定，就应组织学生反复学习，坚决贯彻执行，使其成为学生的行动指南，并通过检查督促、评比表彰等措施，使其充分发挥规范学生行为、调节各种关系、形成和巩固班集体的作用。

（5）在执行规章制度的过程中，要坚持以思想教育为主，绝不以规章制度代替班主任应做的思想品德教育工作，并在执行过程中根据实际情况不断完善规章制度，使其成为既全面又具体，既科学又可行，并能产生实际效果的好规范。

四、技能教育 2 - 4

【教育内容】

规定一项班级制度。

【教育目标】

1. 明确制定班级制度的意义。

2. 熟悉制定班级规章制度的过程和注意事项。

3. 模拟制定任意一项班级规章制度，初步学会如何制定班级规章制度。

【教育程序】

1. 学习并掌握制定班级规章制度的理论和技能。

2. 提供范例。

案例 2 - 4 - 1

学生课堂常规

1. 课前认真做好上课准备，学习用品要整齐摆放在课桌指定的位置。

2. 听见上课的预备铃后，尽快安静有秩序地进入教室，在自己的座位上静候教师上课。教师走进教室，宣布上课后，班长发出"起立"口令，师生相互问好，在教师示意下，学生方可坐下。

3. 迟到的学生在教师同意后，应轻手轻脚走进教室，不得妨碍同学上课。

4. 上课时，精神饱满，坐姿端正，自然挺胸，两手放在规定的位置，不做小动作，未经老师许可，不能随便离开座位和教室。

5. 上课时要专心听讲，积极思考问题。读书做到心到、眼到、口到。努力掌握正确的学习方法，勇于提出问题，积极参加讨论。发言、提问，要按规定的姿势举手，在教师指名后才能发言。发言时要姿势端正，说普通话，声音响亮，语句完整，并注意文明礼貌用语，发言完毕即自动坐下。

6. 对教师布置的作业要认真、独立完成，遇到困难时，如果经过思考还是不懂，要主动请教师辅导。作业要整洁，格式符合规范，做到按时交。

7. 写字要严格保持"眼离书一尺，胸离桌一拳，握笔手指离纸一寸"的正确姿势。

8. 下课时，教师宣布"下课"，班长发出"起立"口令，在教师招呼后，学生方可平静有序地走出教室。

9. 值日生应督促全体同学保持教室整洁，一下课就帮助教师整理教具，擦净黑板。①

3. 根据班级管理中的实际需要，确定班级规章制度的具体项目。

4. 师生共同学习党的教育方针政策、教育法规、"中学生行为规范"，明确制定某项制度的指导思想和具体要求。

5. 班主任草拟某项制度的具体内容。

6. 将草拟的某项制度提交全班学生充分酝酿讨论，提出修改意见。

7. 班主任和班干部根据讨论的意见共同修改草拟稿，使其充分反映全班学生的愿望和要求。

8. 组织师生学习修改制定的规章制度，并贯彻执行。

9. 采用检查督促、评比竞赛等措施，使某项规章制度的执行得到真正落实。

---

① 湖南冠亚学校某班制定. 小学班组管理制度——规章制度［EB/OL］. 第一范文网，2013 - 07.

第三章　班级日常管理（上）

第一节　制订班级工作计划

班级工作计划是对某一时期内班级工作的目标、任务、措施等预先作出的设想和安排。班级工作计划有很多种：从时限上分，有学段、学年、学期、月、周计划等；从工作目标上分，有德育计划、智育计划、体育计划等；从工作内容上分，有干部培养计划、后进生转化计划、家校联系计划、集体活动计划等。在通常情况下，班级工作计划是指对一个学期内班级各方面工作所作的综合计划。

一、制订班级工作计划的意义

"凡事预则立，不预则废。"制订计划在班级工作中有着十分重要的意义，这是由计划的特性和班级管理的特点决定的。

第一，制订班级工作计划是班主任有的放矢地进行工作的重要环节。每一次计划过程都伴随着对以往工作的总结、对当前状况的分析以及对未来工作的预测，伴随着对工作的对象、目标、任务、条件等的审慎认识，因而，每一次制订班级工作计划的过程也就是一次加深对班集体认识的过程，这种认识的深化是搞好班级工作的条件和保证，是避免主观臆断、无的放矢的重要环节。

第二，制订班级工作计划有利于协调各方面各因素之间的关系。通过计划，能协调上级指示、学校要求与班级任务之间的关系，协调班主任、科任教师、学生、家长等各种教育力量之间的关系，协调任务、人力、物力、财力、时间、场所等各种因素之间的关系，做到通盘考虑、统筹规划、有机安排、和谐有序地开展工作，避免盲目、片面、冲突和浪费。

第三，制订班级工作计划有利于师生统一行动方向。通过计划，可以使师生明确奋斗的目标和工作的轻重主次，统一行动方向，激发他们行动的动机，避免目标的偏向和力量的分散。

实践证明，好的计划在班级工作中能很好地起到规划、导向、激励作用，是开展工作的蓝本和检查评定工作的重要依据，而凡是不搞计划或只搞形式主义的计划都会导致班级工作的被动、不利局面。

二、班级工作计划的构成要素及其要求

一个完整的计划，从形式上说包括标题、开头、正文、结尾、落款、评估和检查等部分；从内容上说，主要包括依据、目标和措施几个要素。下面对计划内容的要素分别加以说明。

1. 依据

计划不能主观想象，必须建立在对客观现实的认识和各种主客观条件基础上。制订班级工作计划的依据是多方面的，如上级指示规定、学校工作计划要求、教育理论、教育经验、教育条件、班级长远目标等，而最主要最直接的是班级学生的实际情况，它包括当前班级学生的构成情况、年龄特征，学生德、智、体诸方面的主要优缺点，班集体的形成状况等，也包括对班级历史状况（特别是前一学期状况）的总结和对班级未来发展可能的预测。班主任必须对班级学生的这些实际情况进行概括分析，力求切中要害，简明扼要，抓住问题核心。分析越准确，制订计划就会越切实可行。在形成计划文字时，虽不一定要把所有依据都列入其中，但常常可以见到不少计划仅仅只讲些班级成员构成状况的统计数字，这是很不够的。

2. 目标

目标是指在计划期限内班级各方面工作的预期结果，是班级工作计划的核心。它包括学校工作要求和本班工作目标。班级工作目标是以学校要求为方向确定的，虽然各个班级情况各异，但学校的总要求必须体现在班级工作计划之内。班级工作目标是班级工作计划的主旨，是班级工作的出发点和归宿。目标包括方向和大小两个维度。一个好的计划应通过目标指明正确的努力方向，并提出合理的量的要求。目标应突出重点、抓住关键。

要有整体目标，又要明确各方面的具体目标；要有激励性，又要留有余地，不宜定得过高过满。应尽可能得到全体师生的认同与支持，要使集体目标与个人目标紧密联系起来，发扬民主，发动师生广泛参与，反复讨论，多方论证，切不可仅凭班主任的主观愿望而定。

3. 措施

措施是指为完成任务、实现目标而采取的手段、方法和途径等，它是计划落实的基础和关键。班级工作计划是具体计划，必须有操作性，要使活动、人物、时间、地点等因素落到实处，要明确实施的内容、责任、范围和时限，使之便于明确任务，便于上级检查和自我检查，否则，只是提出一些空洞、抽象的条文，计划就无法发挥指导和监督作用。为实现班级目标所应采取的措施往往是多方面的，包括提高课堂教学质量、丰富课余文体生活、选拔培养班团干部、落实常规、家校联系、帮助后进生、发展学生个性、培养特长生等各方面的措施。由于一个学期内要做的工作太多，因而在计划中不可能、也不必要写出所有这些方面工作的措施。通常在计划中要反映以下几方面的措施：一是开展大型活动如运动会、春游、主题班会等方面的措施；二是开展经常性的和制度化了的活动如课堂教学、落实常规、家校联系等方面的措施；三是根据班级特点开展有针对性活动的措施。常见一些计划中只讲前者不讲后两方面，其实是不够的。

4. 评估和检查

班级工作计划涉及许多具体的、微观的方面，容易执行，也容易落空。容易执行是因为其可操作性较强，可以贯彻实施；容易落空是因为这种"经常性"的计划，常常会被冲掉，被忽视，或者流于形式，达不到真正的目的。为确保班级工作计划能够实施并达到预期的目的，在班级工作计划上应写上评估和检查的要求、方式、时间、责任人和奖惩办法。只有这样，才能一方面使班主任和学生都增强执行计划的积极意识，另一方面在不断的评估检查中，做到对计划的执行心中有数，同时也易于评价优劣和调整计划中不适当的内容。

三、制订班级工作计划的基本步骤和具体做法

1. 了解学校工作计划的基本精神和本班学生的实际情况

一方面，班主任与全班学生都要对学校工作计划的要求、目标和内容形成深刻理解，明确自己的责任。另一方面，师生都要清楚地了解本班学生的特点、优点和不足以及潜在的动力和积极进取的突破点。只有这样，才能突出和增强班级工作计划的方向性和可行性。

具体做法是使师生都熟悉学校工作计划和参与制订班级工作计划。班主任既要组织学生认识学校工作计划的意义、要求、重点及其与自己的关系，又要充分发挥他们的主体性，让他们积极参与制订本班计划。班主任要做好引导、协调、指导工作，而不是包办代替，闭门造车。

2. 计划订立，再由师生共同讨论、修正

制订班级工作计划的第二步是根据"第一步"精神，班主任写出计划初稿，并交由学生讨论，提出修改意见。讨论的要点是计划方向是否正确，重点是否突出，内容是否全面、恰当，措施是否可行，评估和督查是否可靠以及其他要增删的内容等。计划的讨论必须调动学生的主动性，集思广益，万万不可走过场。

班主任要做好一项容易忽视的工作，就是把计划草案给任课教师和学校有关领导以及部分家长审阅，请他们提出补充或修改意见，使之尽可能完善。

3. 计划定稿，指导、激励和督促学生实施

取舍各方面意见之后，班主任最后定稿，班级工作计划正式制定完成。

计划确定以后，师生要共同执行，不能随意加以更改。如果在执行过程中，确实因为主客观条件的改变或估计不足，需要对计划进行调整时，班主任必须让学生认识到修改的必要性并予以认同。

在实施计划的整个过程当中，班主任不仅要让学生形成主动执行计划的意识，还要不断地指导、激励和督促学生，激发他们的进取心和竞争意识，使制订和实施计划的过程能成为教育学生的过程。

四、训练技能 3 - 1

【教育内容】

利用案例的有关材料，以时间为线索，拟定班级工作计划。

【教育目标】

1. 通过分析、讨论案例，熟练掌握班级工作计划的结构和一般要求。

2. 通过改写训练，掌握班级工作计划的"文字叙述式"和"文字 - 表格综合式"两种格式。

【教育程序】

1. 学习制订级工作计划的有关理论，掌握制订计划的具体方法和步骤。

2. 提供范例。

案例 3 - 1 - 1

根据本班基础和特点，为促进班级健康发展和学生进步，特制订了本学期班级工作计划。

一、班级管理

制订并完善班级管理制度，包括出勤、课前准备、课堂纪律、集体活动、值日生、轻微违纪行为处理等。通过努力，本班在本学期内基本实现学生的自我管理。

1. 经班主任推荐和学生民主选举组建第一届班委会；

2. 组建班级工作小组，由相应的班委领导各小组完成班级工作；

3. 培训值周班委，确保班级课堂纪律、卫生、集体活动等工作高质量完成；

4. 班级工作各司其职，人人有事做，事事有人做；

5. 完善班级管理流程，让学生明确在学校发生问题时该如何处理、向谁汇报；

6. 选拔优秀班委组建班级管理核心领导小组，承担大部分班级日常管理工作。

二、学习成绩提升

培养优良班风，推进班级整体学习成绩的提升，为提高个人学习成绩创造条件。

1. 组建班级学习小组，培养学生自学、讨论、研究、合作的能力；

2. 拓展课代表工作范围，发挥课代表的教学助理作用；

3. 设计并完善合理的作业管理流程；

4. 推荐各学科学习成绩突出者组建班级学习讲座，建设学科难题攻关小组，发挥成绩优秀学生的优势，带动班级成绩进步；

5. 推荐上述学习委员会成员在班级开设微型讲座，介绍学习方法和学习经验；

6. 在班级广泛开展"一帮一""多帮一"活动，改善部分学生薄弱学科的学习状况，争取不让一个学生掉队。

通过以上措施，力争实现以下目标：（1）班级大型考试总平均分进入年级前3名（目前第4名）；（2）10%的学生进入年级领先行列（前20

名）；（3）85%的学生进入年级中等以上水平（前250名）（目前为74%）；
（4）争取消灭低分（年级后100名）。

三、班级文化建设

1. 开展征集班徽活动，设计班级标志；

2. 征集班名和班级发展主题词；

3. 成立美化班级环境小组；

4. 形成有班级特色的海报文化；

5. 建设班级图书馆，设定专人管理，抽出一定时间开展读书活动，培养学生阅读习惯。

四、班级活动

1. 开展"感动班级人物"评选活动，在班级树立一批正面典型；

2. 开发"自塑教育"系列班会，培养学生能力，提高情商，健全人格，全面提升综合素质；

3. 开发嘉宾访谈型系列班会，拟邀请大学生、留学生、教师、家长等到班级与学生进行交流；

4. 根据学校和班级实际情况，开展有益于提升学生人文素养、文化素养的教育活动，如影视教育、名曲欣赏、美文赏析等。

五、其他教育工作

1. 坚持按照学号顺序与学生进行交流，一学期与学生谈心达到100人次以上（每学期平均与每个学生交流2～3次）；

2. 利用课余时间对学生进行家访，争取本学期家访覆盖率达到75%；

3. 每周批阅周记，评选优秀周记，优秀周记由学生录入形成电子稿，以备适当的时候借机印刷；

4. 利用QQ、电话、短信等方式与家长沟通，每天不少于半小时；

5. 每周四下午为家长接待日，接待家长来访，与家长建立常态联系；

6. 每个月利用班级家长QQ群组织网上家长会一次，交流探讨学生教育问题，拓展家校沟通新渠道。

通过以上努力，争取把班级建设成为班风优良、学风端正、成绩优秀的先进班集体，让每个学生都能体验到成功的感觉。①

---

① 陈宇. 如何制定班主任工作计划 [J]. 班主任，2014（4）.

3. 根据"班级工作计划的构成要素及其要求",分析上述案例,把握班级工作计划的结构和以工作目标为线索制定措施的方法及"文字叙述式"的写作形式,讨论"案例"的优点和不足。

4. 讨论充实"案例"中的"依据"部分,明确班级工作在一学期内的整体目标。

5. 以月或周为单位,从"日常工作"和"主要活动"两方面落实班级工作的具体措施。

6. 设计包括"时间""活动""目标""意义""负责人"等栏目的表格。

7. 综合整理以上讨论内容,各自按要求重新拟定班级工作计划。

第二节 操作评定

操作评定是对一定时期(学期或学年)学生在德、智、体各方面情况进行的综合评定,它是班级工作的一项重要内容。搞好这一工作能有效地发挥评价的导向、诊断、激励和强化作用,帮助学生正确认识自己操行方面的进步和不足,促使他们总结经验教训,发扬优点、克服缺点和不足,帮助家长、教师和学校领导了解学生,为搞好下一步教育工作,为学校评优,为高一级学校选录新生、用人单位录用人才提供依据。

一、操作评定的原则

1. 客观性原则

即在评定时必须按照统一的评价标准,尊重客观事实,实事求是地反映和评价学生的操行状况。评定的过程及其结果是否合理,不仅会影响到学校、家长和后来的教育工作,也会直接影响到被评定者本人的态度和行为。客观的评定能产生积极的效果,不客观的评定则会带来工作的被动。为此,作为班主任应尽可能地克服亲疏关系、个人感情、印刻现象、近因现象等因素的影响,要以认真负责的态度,尽可能多地掌握学生的第一手材料,争取评出学生的个性和特点,避免评语空洞、公式化的现象。

2. 教育性原则

即不只是把评定过程看成是某种目的,而要把它看成是对学生进行教育的过程和手段。学生德、智、体各方面都处于发展变化之中，不论是"优秀生"或"落后生"都有可能向好或坏两个方向变化，因而要看到他们过去的优点和缺点，更要看到他们现在的表现，要看到他们发展、变化的趋势，不以静止、僵化的观点评定学生。要把评定工作作为下一轮工作的起点。通过评定，对优秀生不迁就其缺点，要使他们戒骄戒躁、继续努力，争取更上一层楼；对后进生要严肃地指出其缺点和不足，同时又要讲求艺术性，要保护其自尊心和上进心，善于发现他们的闪光点，帮助他们分析问题产生的原因，找出解决问题的办法，促使他们进步。评语中要体现教师的期望和对学生平等、无私、丰富的爱。

3. 肯定性原则

即在评定时，要多正面表扬学生的优点和长处，把肯定性评价与否定性评价结合起来，但以肯定性评价为主。因为在一般情况下，表扬比批评更能发挥教育的主导功能。况且从学生自身来说，他们思想品德发展的主流是好的，在评定中把肯定性评价放在主要地位，能帮助学生树立进取心，激发他们接受教育的主动性。当然，适当的否定性评价也能在肯定性评价的基础上被学生理智地接受，因此，在给学生写操行评语时，要多看到学生身上的积极因素。特别是对于后进生，更要尽量去发现他们身上的"闪光点"，使评定成为教育学生和学生自我教育的重要方式。

4. 个体性原则

即在评定时，要写出每个学生的个性，突出每个学生的特点。一次好的评价，能使旁观者"见字如见其人"。如果只注意泛泛的全面评价，每个学生的评语都大同小异，千人一面，评价就失去了它应有的作用。一般来说，现在班主任给学生写评语，都是从思想政治、道德品质、学习态度、文明礼貌等方面评价学生的优缺点，这种评价是必要的，但必须注意避免格式单调、内容雷同、千人一面、缺乏针对性等弊端，应该在内容上具体细致，不仅要体现出学生在各方面表现程度上的差别，而且要反映出学生的个性特点。因此，教师既要对学生进行全面的评价，又要抓住学生的特点进行个性评价，以保证评价的深刻性和准确性。

5. 整体性原则

即从内容上说，要对学生德、智、体各方面情况进行整体的评定，不以偏概全；从时间上说，要反映学生本学期或学年的综合表现，不搞先入为主或"舍远求近";从空间上说,要尽可能地反映学生课内课外、校内校外各方面的情况,不以点代面。为此,班主任应尽可能地通过多种途径,全面地收集、积累学生的有关材料,在评定中尽可能全面地反映学生各方面的优缺点,反映其发展变化的状况。当然,强调整体性,并不是说要平均用力,而是要求要在整体把握的基础上突出重点,分清主次。

6. 民主性原则

即在评定时,班主任要充分发挥学生、任课教师、学校领导、家长等各方面人员的作用,不搞主观武断和一手包办。尽管班主任与学生接触较多,对学生有较全面的了解,但毕竟时间、精力和活动范围有限,不可能对所有学生在各种时间、场合的表现都完全了解,因而在评定时,班主任要主动征求家长、科任教师、学生干部等各类人员的意见,尤其要发挥学生自评和学生集体互评的作用。这是保证评定结果客观、全面、准确的一个重要条件,也是培养学生民主精神、自我教育能力的有效手段。

二、操行评定的程序

对全班学生进行操行评定,大体上可以参照以下程序:

(1)动员与准备。包括以下工作:①班主任向全班同学作动员讲话,讲明评定的目的、方法、过程,以期得到学生思想上的重视,让他们作好评定的心理准备;②通知科任教师和家长,要求他们准备好有关数据、事实材料;③对受评人员分组;④成立由班主任、科任教师、学生干部和学生代表组成的评定核心小组;⑤准备好有关评定的表格、工具;⑥对评定小组组长进行必要的培训。

(2)学生个人自评。要求对照《中学生日常行为规范》、《中学生守则》、《思想品德考核量表》等,从德、智、体各方面进行实事求是的评价,并写出书面小结和自评评语。

(3)核心小组分头有重点地收集信息,并进行初步的汇总整理,为评定工作准备第一手材料。

(4)学生小组评议。以小组为单位,在进行个人汇报和自我评价的基础上,按照有关评定标准,逐个地相互评议,并由小组长组织人员对每位受评者写出初步的评语。

(5)核心小组复评。协调各组评定的情况,统一评定的宽严尺度,解决小组评议中有争议的问题，修改评语并给出操行等级。

（6）征求师生意见，并作必要的修改，进一步防止评语的主观偏见和偏差。

（7）誊写操行评语。由班主任自己誊写，或由教师指派学生誊写，自己审查。

此外，在评定过程中，班主任还应及时发现并处理好学生可能出现的心理问题。在评定结束时，要对本次评定工作进行一次小结，表扬评定工作中的好人好事，指出不足和今年努力方向。

三、三好学生的评定

评定三好学生是学期末的又一项重要工作。这一工作做得好，能给优秀学生有效的鼓励，也能给其他同学提供学习的榜样，引导学生奋发向上、全面发展；反之，就可能导致"评上的不争气、没评上的不服气"的状况，甚至造成师生情感对立。因此，在操行评定的基础上，班主任应以严肃、认真、审慎的态度对待这一工作，同时也应按照一定的要求进行。

1. 要按标准评定

"三好"学生，即要求思想品德好、学习好、身体好，这是对学生全面发展要求的简明概括。所评"三好学生"就必须符合以上条件。为此，就应强调全面发展，不以"一好"代替"三好"，不限制指标，也不盲目追求数量而降格以求，要宁缺毋滥，这是搞好评定工作的基本要求。同时，要灵活、艺术地掌握评定的标准，对那些各方面表现良好而有某方面特长或突出表现的学生以及那些基础较差而进步显著的学生都应准予评定。

2. 要民主评定

即在发挥班主任核心作用的同时，充分发挥学生集体和其他教师的作用，要组织学生学习掌握好"三好"的标准，在充分讨论、反复酝酿的基础上，推选出公认的候选人。这是避免班主任受亲疏关系、个人喜好、认识偏见等影响，保证评定结果客观公正的有效手段。

3. 要公平评定

评定过程不仅是为选出"三好学生"，同时也是一次极好的教育学生的机会。通过同学们面对面的评议，可以使每个人看到优秀生的长处，从中找到自己的差距，从而确立目标，促进自我完善；还可以有效地保证评定过程的民主性和评定结果的公正性。搞背对背的无记名投票，看似民主，实则在评定学生的人缘关系，不能促使学生相互学习。

4. 要按程序评定

这是保证评定工作有条不紊地进行的必要条件。评定"三好学生"通常应按以下程序：（1）宣传发动，学习评定"三好学生"的标准；（2）在班主任主持下，同学民主评议，推出候选人；（3）征求科任教师和其他教师的意见；（4）向全班同学反馈有关意见，讨论修改并确定当选人；（5）写出"三好学生"优秀事迹材料，填写"三好学生"登记表；（6）将表格呈报学校审查批准。

四、技能教育 3 - 2

【教育内容】

1. 分析案例 3 - 2 - 1，指出这种改革尝试的特色与优势，并讨论它是否有可以进一步完善的地方。

2. 改写案例 3 - 2 - 2。

【教育目标】

1. 通过分析案例 3 - 2 - 1，让学生了解和学习评语改革的某些动向，帮助他们突破传统评语模式的束缚。

2. 通过分析和改写评语，进一步巩固操行评定的原则和写评语的一般要求。

【教育程序】

1. 学习操行评定的有关原则，掌握进行操行评定的操作程序。

2. 提供范例。

案例 3 - 2 - 1

谈心式评语

你会皱起眉头，是想不出问题吗？你会默不做声，是不知道怎么回答吗？你会在老师不注意时，做小动作、讲话，是想引起老师的关注吗？你会控制不住贪玩，拖拉作业……告诉老师，好吗？其实，老师时刻都在关注着你，你一点儿也不比别人差，你同样是老师最聪明的学生！对自己要有信心！敞开你的心，让老师和同学一起进入，付出努力，一定会有收获。让我们一起努力，好吗？①

案例 3 - 2 - 2

典型不良评语

该生缺乏远大理想，思想散漫，目无组织纪律，平时经常借故迟到早退，上课经常插嘴，下课打打闹闹，校运会上冒名替跑，班级活动中经常"帮倒忙"。作业不认真，偏科现象严重，除数学、体育外，其他科目成绩低下。长此下去，恐将来难有作为，望家长严加管教。②

3. 集体讨论案例 3 - 2 - 1，分析它是怎样体现操行评定原则要求的，指出它在评价思想、评价内容、语言等方面的特点，并进一步讨论其缺陷和改进办法。

4. 集体讨论案例 3 - 2 - 2，分析其不当之处。

5. 分头改写案例 3 - 2 - 2。

6. 分组评议各人改写后的评语，集体评出每份评语的成绩等级。

第三节　班级工作总结

一、班级工作总结的意义

班级工作总结是对一定阶段（学年或学期）班级各方面工作所作的整体回顾和分析评价。通过总结可以肯定成绩、增强信心、找出问题、看到不足，为班级工作检查评定提供依据。更主要的是，通过总结，可以对零碎繁杂的事实材料进行加工整理，去粗取精、去伪存真，从中找出工作中的经验教训，甚至得出规律性的结论，为下一轮工作计划提供宝贵的依据，帮助师生提高班级工作水平，有效地加强和改进班级工作。可以说，总结

---

① 李大军．操行评语的正确写法［J］．小学教育，2013（6）.
② 李大军．操行评语的正确写法［J］．小学教育，2013（6）.

是承前启后的桥梁，是发展和提高的必要条件。因此，作为未来的班主任，必须重视并掌握班级工作总结的技能，以便充分发挥总结在班级工作中的积极作用。

二、班级工作总结的构成要素

从形式上讲，一个完整的班级工作总结应包括以下几个部分：

（1）标题。交代总结的班级、时限，是专题总结还应交代总结的项目，如"初三（一）班 2015 年上学期德育工作总结"就是专题总结的标题。

（2）开头。往往简明地交代总结的原因、目的和总结的主要内容，或者交待取得的成绩，对外交流还往往要介绍一下学校、班级的基本情况，起提纲挈领的作用，使读者对总结有个概括的了解。

（3）主体。是总结的主要部分，要告诉读者干了哪些工作、取得了哪些成绩、有哪些不足，从中得到了哪些经验、教训等内容。主体部分可按时间线索写，也可按工作内容分块写，必要时，在这一部分内还可以安排若干小标题，使总结条理清晰，一目了然。

（4）结尾。一般是用简短的几句话对全文进行归纳概括，突出取得的成绩，或者写工作中存在的缺点和问题以及今后努力的方向和打算。

（5）落款。交代总结单位、总结时间。

从内容上讲，总结必须包括以下两个要素："总"和"结"。"总"即对做过的工作和取得的成绩、存在的问题进行事实性汇总；"结"是在"总"的基础上进一步分析研究，从中得出规律性的结论。只有事实，便成材料的堆砌；只有结论，便成了没有说服力的条文。事实上，结论是事实的总括，事实是结论的依据，两者相互依存，缺少其中的任何一方面都不能称之为"总结"。而平时常常可以见到只有"总"而无"结"的"总结"，显然是不合要求的。

三、班级工作总结的要求

1. 要有正确的指导思想

要认识到班级工作总结的重要意义，把总结作为提高认识水平、搞好班级建设的一件重要工作去做，积极探索事物的本质联系和普遍规律，不搞消极应付，不为总结而总结。要不断提高自身的认识水平和理论修养，以群众的观点、联系的观点、发展的观点、一分为二的观点来分析问题、判断是非。只有这样，才能对事物形成正确的结论，写出高水平的总结。

2. 要有实事求是的作风

即在总结中要有一说一、有二说二，既看到优点，也不回避问题，不夸大成绩，不缩小缺点，不拼凑材料，不弄虚作假。总结的目的主要是给自己看而不完全是为了给别人看的。如果其中的事实、材料不真实，其观点、道理就站不住脚，这样的总结只能是自欺欺人，没有任何意义。

3. 要以事实作为基础

总结是对事实的概括和分析，没有事实，总结就无从谈起。因此，作为班主任就应特别注意在平时搜集、积累材料，否则，材料匮乏、缺少事实，总结时就没有利用和选择的余地。总结中任何观点、结论的得出都应有事实材料的有力支撑。为此，还应注意所选用的材料的准确性、典型性。只有准确的数字、有据可查的事实才具有说服价值；只有典型的材料才更生动、更有代表性、更能说明问题。因此，在总结过程中要做好对现有材料、事实的核实和筛选工作，要注意发现、挖掘典型材料。

4. 要反映特点，找出规律

特点即本班本次总结所独有的、与其他总结的显著区别。如果没有特点，必然出现甲总结与乙总结差不多、今年的总结与去年的总结差不多的情况，这样就失去了总结的意义。为此，就必须抓住本班的具体事例，在全面总结德、智、体各方面工作的基础上，突出重点，反映本班工作的特点及其规律。这里说的"规律"即从大量事实分析中得出的力图反映事物本质的理论认识。找出规律即发现联系，是总结的目的和真正价值所在，而以往许多总结恰恰忽略了这一点。反映规律是总结的难点，尽管困难，但还是必须在这方面作出努力，否则，就不能达到通过总结认识实践过程中的成绩、经验、缺点、教训有效地指导今后工作的目的。

5. 要发挥学生集体在总结中的作用

这是因为班级工作总结是对全体教师和同学共同工作的总结，学生是班级工作的主体，班级工作理所当然要由他们自己总结，班主任只能是组织者、指导者、参与者和执笔人。在总结中发挥学生的作用可以更好地收集材料、发现典型，通过自我总结，可以使他们清楚地看到本班的成绩和不足，自觉地思考成功的经验和产生不足的原因，从成绩中获得信心，从不足中找到今后努力的目标和措施。通过这一过程，班主任还可以适时、有效地进行思想品德教育，培养学生的参与意识和自我管理能力。

此外，总结还应注意语言简练、朴实、准确，结构严谨，条理清楚。

四、班级工作总结的方法

班级工作总结由于其要求不一，方式不一，所以总结的具体做法也有不同。一般做法是：

1. 对班级工作计划进行回顾，明确总结的指导思想

首先要对班级工作计划的实施情况进行回顾，重温计划的目的和要求，并以此为总结的依据；同时又要明确工作总结的指导思想，并用这种指导思想评价工作计划执行的过程和得失，这样能够站得更高，避免就事论事。

2. "由下而上"，学生与班主任相结合

在明确指导思想的基础上，开展总结活动。具体做法是由学生根据班级工作计划，谈个人的成长感受和体会、其他同学贯彻计划的表现、班主任和班级工作、典型事例、最突出的活动和收获及取得的经验和今后的努力方向。这个"谈"的过程是班主任集思广益的过程，也是教育学生的过程，是工作总结的关键一环。但是，学生的总结往往有一定的局限性，这就要把班主任的总结与学生的总结结合起来，由下而上、上下结合，最后由班主任汇总，形成比较全面的、更为深刻的班级工作总结。

3. 宣传典型，确定努力方向

对于在总结中被人提出表扬的人和事，班主任都要给予肯定和鼓励。即使事迹不十分突出，甚至微不足道，班主任也要热情地关注和肯定。否则，任何冷漠的态度，都会挫伤学生的积极性，使学生对班主任产生不信任感或不协调的情绪。

对在班级工作总结中大家公认为突出的学生，班主任要在同学们提供的事例基础上，总结其先进事迹，树立先进典型。在这项工作中，班主任一定要相信学生，尊重学生的选择。否则，势必脱离大多数学生，同时也会伤害被树为典型的学生。另外，宣传学习典型学生，也要留有余地，不能把话说绝，不能溢美和拔高，要实事求是，恰如其分。

五、技能教育 3 – 3

【教育内容】

通过修改案例，学会作班级工作总结。

【教育目标】

1. 通过分析案例中存在的问题，了解班级工作总结写作中的一些常见错误。

2. 通过提出修改意见，掌握对班级工作总结的写作要求和思想要求及方法。

【教育程序】

1. 学习有关理论，了解班级工作总结的意义和要求，掌握班级工作总结的基本结构和主要方法。

2. 提供范例。

案例 3 – 3 – 1

工作总结

本学期，我担任了八年级 4 班班主任工作，我倾注了自己的全部精力和爱心，一学期下来，班级在各方面工作都还可以，班级管理得井井有条，特别是在班风和学生品德方面更是有了很大的收获，具体做法如下：

一、创建和谐、积极向上的班风

一个班级的班风如何，直接影响着这个班级的各方面工作，影响着学生的品格形成。我深知班风的重要性，所以在开学的第一天，我就教育学生要爱学校、爱班级。在平常的工作生活中，我时刻注意培养学生的集体荣誉感，每当班级在学习上取得了好成绩，我就鼓励他们，表扬他们，和他们一起庆贺。当班级出现问题，学生犯了错误，我就和他们一起分析原因，找不足，一起加油，争取下次赶上来。在长期这样的氛围中，学生们有了非常强烈的集体荣誉感，班级整体风气积极向上，充满了活力。

二、培养学生良好的品格

我一直认为，中学时期，培养学生良好的品格是最为重要的。在平常的工作生活中，我非常注重学生品德方面的教育。我经常对孩子们说，只要是人就会犯错误，就连老师都有做错事的时候，更别说你们小孩子了，所以老师允许你们犯错误，但有了错误一定要承认，要改正，那样，你还是个好孩子。由于我的这种观念、这种教育方法，使我们班学生全班都有了一个最明显的特点，那就是诚实。在教育学生诚实的基础上，我对学生的行为习惯、文明礼貌、思想品德等方面逐步渗透，用自己的行为给他们树立榜样。对于我们班学生来说，我觉得他们在思想品德、行为习惯这方面是非常优秀的。

三、用爱搭建我与学生之间的桥梁

1. 爱就是了解

初建新班，了解学生从了解学生家庭开始。父母的年龄、职业、家庭住址、生活状况，做到了如指掌。接着就要了解孩子的兴趣、爱好、特点，他们有什么毛病，需不需要照顾；了解孩子的学前教育情况，以便因材施教。

2. 爱就是关怀

入冬以后，孩子感冒的比较多，有时一天有好几个请假的。每天晚上我都给生病的孩子家长打电话询问孩子的情况。

3. 爱就是尊重

尊重、理解、信任学生是消除教育盲点的基础。尊重学生要尊重学生的人格，只有这样，学生才能与教师缩小心理距离，学生才会对教师产生依赖感。在平常的工作中，我与学生像朋友般相处，遇到事情都与他们商量，与他们讲道理，请他们帮我做事情我会说谢谢，当我做错了事情会向他们道歉。在长久的这种交往中，孩子们喜欢我，愿意和我说心里话，有了事情会大胆发表自己的看法，做事有主见，我觉得这是沟通的基础，也是我成功教育的最大原因。

4. 爱就是责任

教师的责任不仅在于教授学生知识，更在于引导他们学会生活和生存的基本技能，以及做人的基本行为准则。刚分班的学生，不知天高地厚，只会随心所欲地玩闹。我先用各种儿歌进行常规的教育，不仅使他们了解了一日常规，而且，对他们也有提醒的作用。并且不失时机地抓住一切可以利用的机会进行常规教育，如：班会上、晨会上，我让他们时刻有常规意识。但这是远远不够的，他们的自觉性不强，还需要时刻不放松地

"看"。做操时，我先站到队伍前面，站在那儿，然后目视他们动作，还要不时地提醒：某某站整齐点，某某手伸直点。这样的话不知说了多少。就这样，渐渐地做操时，我不用时时地去看着了，队伍也站得整整齐齐了。现在，我不在的时候，班级卫生打扫得像模像样，别的老师都很羡慕。

教育工作，是一项常做常新、永无止境的工作。社会在发展，时代在前进，学生的特点和问题也在不断发生着变化。作为有责任感的教育工作者，必须以高度的敏感性和自觉性，及时发现、研究和解决学生教育和管理工作中的新情况、新问题，掌握其特点、发现其规律，尽职尽责地做好工作，以完成我们肩负的神圣历史使命。①

3. 分析案例在总结的形式结构上的问题。
4. 分析案例在总结的内容构成上的问题。
5. 分析其他问题，并思考以上所有问题产生的原因。
6. 根据以上分析，参照班级工作总结的技能写出修改意见。

---

① 牛文娟．初中班主任德育工作总结［EB/OL］．班主任工作网，2013－10.

第四章　班级日常管理（下）

第一节　对学生进行日常行为规范教育

一、日常行为规范教育的涵义

学生日常行为规范是国家明文规定的、国家和社会对学生道德素质和文明行为的基本要求。如何使遵守这些规范成为学生的自觉行为，是班主任日常管理工作中的重要内容。日常行为规范教育，就是指教育者（特别是班主任）根据《中小学德育纲要》《中小学生守则》和《中小学生日常行为规范》的基本要求，遵循中小学生身心发展的基本规律，在晓之以理、动之以情的同时，给学生提供道德行为方式的范例，用正面的道德榜样感染、教育学生，使学生自觉遵守行为规范，逐步形成文明、道德的行为习惯，为培养学生高尚的思想道德品质打下良好的基础。

二、日常行为规范教育的内容

由于日常生活的复杂多样性，因此需要规范的内容也是丰富多样的。国家教委颁布的《中小学德育纲要》《中小学生守则》《中小学生日常行为规范》等，为科学、有效地对学生进行日常行为规范教育提供了全面系统的内容。这里以《中学生日常行为规范》为例。国家教委颁布的《中学生日常行为规范》对中学生所要遵循的主要的、基本的日常行为规范进行了较全面、准确的概括，它包括五大项四十条，内容分别涉及学生对自己品德、仪表、生活方式的要求，人际交往中的要求，学校学习和集体生活的要求，家庭生活要求，公共场所和社会生活的行为要求等各个方面，是对中学生进行日常行为规范教育的主要蓝本。

附录

中学生日常行为规范
（国家教育部 2004 年颁发）

一、自尊自爱，注重仪表

1. 维护国家荣誉，维护共产党，尊敬国旗、国徽，会唱国歌，升降国旗、奏唱国歌时要肃立、脱帽、行注目礼，少先队员行队礼。

2. 穿戴整洁、朴素大方。不烫发，不染发，不化妆，不佩戴首饰，男生不留长发（前不遮眉，后不过颈，侧不过耳），女生不穿高跟鞋。

3. 养成良好的卫生习惯，坚持锻炼身体。不随地吐痰，不乱扔废弃物。

4. 举止文明，不打架，不骂人，不说脏话。不涉足未成年人不宜的活动和场所。（以考察为目的的应适当进入某些场所）

5. 情趣健康。不看宣扬色情、凶杀、暴力、封建迷信的书刊、音像制品，不参加迷信活动。

6. 爱惜名誉，拾金不昧，不做有损人格的事。

7. 注意安全，防火灾、防溺水、防触电、防盗、防中毒等。

二、诚实守信，礼貌待人

8. 平等待人，与人为善。尊重他人的人格、宗教信仰和民族习惯。谦恭礼让，敬老爱幼，帮助残疾人。

9. 尊重教师，见面行礼或主动问候，回答师长问话要起立，接送物品时要起立并用双手，给老师提意见态度要诚恳。

10. 同学之间互相尊重，团结互助、理解宽容、真诚相待、正常交往，不欺侮同学，不戏弄他人，发生矛盾多做自我批评。

11. 日常交往中礼貌待人，讲话注意场合和分寸。待客热情，起立迎送。

12. 未经允许不擅自进入他人房间、不动用他人物品、不看他人信件和日记。

13. 不随意打断他人的讲话，不打扰他人学习、工作和休息，妨碍他人要道歉。

14. 诚实守信,言行一致,答应他人的事要做到,做不到时表示歉意,借他人钱物要及时归还。不说谎,不骗人,不弄虚作假,知错就改。

15. 不影响邻里正常生活,邻里有困难主动关心,积极参加社区公益活动。

三、遵规守纪,勤奋学习

16. 按时到校,不早退,不旷课,不逃课。上课前准备好学习用品。上、下课时,起立向老师致敬,下课时请教师先行。

17. 上课专心听讲,勤于思考,勇于发表自己的见解,积极回答老师的提问和参加课堂讨论。

18. 认真预习、复习,按时完成作业。考试不作弊。合理安排课余生活,每天坚持阅读、收听、收看新闻。

19. 积极参加学校、团队和班级组织的文体、科技和社会实践活动。参加各种集会准时到达,遵守集会纪律。

20. 认真值日,保持教室、校园整洁优美。保持图书馆、阅览室和教室的安静,不在教室、楼道、校园内追逐打闹,大声喧哗。

21. 爱护公物,不在黑板、墙壁、课桌、布告栏等处涂抹刻画。借用公物要按时归还。

22. 遵守宿舍和食堂的制度,爱惜粮食,节约水电,服从管理。

四、勤劳俭朴,孝敬父母

23. 生活俭朴,不攀比,不乱花钱,不向家长提出不合理的生活要求。

24. 学会料理个人生活,管理好自己的生活和学习用品,自己的事自己做。

25. 生活有规律,按时作息,珍惜时间,合理安排课余生活,坚持锻炼身体。

26. 尊重、倾听父母意见和教导,体贴关心父母。主动把生活、学习、思想等情况与父母交流,礼貌回答父母的问话。

27. 外出和到家时,向父母打招呼。课余时间外出要向家长说明去向,未经家长允许不在外留宿。

28. 体贴帮助父母长辈,主动承担力所能及的家务劳动。

29. 对父母和长辈有意见,要礼貌提出,当自己的意见没被父母和长辈采纳时，要耐心解释，不顶撞，不发脾气。

五、严于律己，遵守公德

30. 遵守国家法律、法规，在社会生活中用各种规范约束自己的言行。

31. 遵守交通法规，不闯红灯，不违章骑车，过马路走人行横道，不跨越隔离栏。

32. 遵守乘车秩序，上车自觉排队，乘车时主动购票，不喧哗，不拥挤，主动给老、幼、病、残、孕让座，不争抢座位。

33. 购票购物要按顺序，对营业人员有礼貌。捡拾物品主动归还失主和交公。

34. 爱护公用设施，爱护文物古迹，保护生态环境，爱护庄稼、花草、树木，爱护有益动物。

35. 尊重外地人，外国人，遇有问路，认真指引。

36. 遵守网络道德和安全规定，利用现代化信息传播手段获取有益的信息，不浏览、不制作、不传播不良信息，慎交网友，不进入营业性网吧。

37. 珍爱生命，不吸烟，不喝酒，拒绝毒品。不参加各种名目的非法组织和非法活动。

38. 参观游览遵守秩序，不在公共场所大声喧哗，瞻仰烈士陵园保持肃穆。

39. 观看演出和比赛时做文明观众，不起哄，不无故提前退场。

40. 弘扬正气，对违反社会公德的行为要进行劝阻，发现违法犯罪行为及时报告。遇有侵害敢于斗争，善于斗争，学会自救。

三、日常行为规范教育的原则

1. 层次性原则

在对学生进行日常行为规范教育时，既要注意行为规范内容的稳定性、系统性和规范性，又要考虑学生的年龄特点，在内容的深度和广度上分出坡度和层次，由易到难，由简到繁，由低级到高级，在不同的教育阶段上内容有所侧重，实现教育内容的层次化和序列化。

2. 主体性原则

在对学生进行日常行为规范教育时，不仅要注重晓理、动情、示范，而且更要注重创造条件，让学生进行独立的行为练习。对在练习中所出现的各种行为表现，班主任要启发学生自我感受、自我分析、自我践履，提高学生正确的道德意识和对道德行为方式的独立判断、独立选择能力。

3. 主导性原则

在对学生进行日常行为规范教育时，在注重发挥学生的主观能动性的同时，不能忽视教师的主导作用。班主任应当好教育者、指导者和设计师，做好示范、指导和提示，并经常检查、矫正、督促、协调各方面的教育力量，促进学生良好行为习惯的养成。

4. 灵活性原则

在对学生进行日常行为规范教育时，要根据学生的年龄特征和品德行为状态，坚持因材施教，灵活而有效地进行指导训练。比如，或以全班为单位进行指导教育，或以分层次、分小组或对个人进行指导教育，使行为规范教育具体化，真正落到实处。

5. 一致性原则

对学生进行日常行为规范教育，不能只局限于课堂和校内，应该延伸到社会和家庭，请社会和家长加以指导、检验、督促。因为学生日常行为规范教育的效果必须结合从社会和家庭获得的反馈信息加以检验，所以班主任要经常主动地加强同社会和家长的联系，使学校、社会和家庭共同携手，协调一致，形成教育的合力。

6. 趣味性原则

在对学生进行日常行为规范教育时，除了借助语言进行行为指导外，还要精心组织丰富多彩的活动，设计新颖别致的情境，使教育生动形象。比如，或将行为指导和教育寓于游戏中，或创设惟妙惟肖的教育情境，或设计小品表演，使学生在快乐中受到陶冶，在游戏中认识和掌握行为规范的表达方式。

四、中学生日常行为规范教育的方法

1. 说理教育法

从道理上阐明中学生日常行为规范的意义、含义，消除学生头脑中的各种模糊想法，克服道德行为方面的心理障碍，帮助学生形成正确的认识。这是实现由知到行、由"被动地行"到"主动地行"的重要前提。这一方法是进行日常行为规范教育的其他方法中常常要同时穿插使用的方法，其

典型形式有：有关内容的课堂讲解、报告、讲座、演讲、讨论等。

2. 专项教育法

中学生日常行为规范都是具体的、可操作的，因而教育者可以有目的、有计划、有组织地对有关行为举止逐一进行专门教育，通过不断地模仿、重复、纠正错误行为，使有关行为规范化、自动化、习惯化。这一方法的典型形式有日常行为专题教育、日常行为表演赛、观看有关日常行为规范影视片等。

3. 渗透教育法

是在不以行为教育为主要目的的各种活动中，有意识地注意穿插进行有关行为规范的教育，使学生在真实、自然的情境中认识和克服不良行为，逐渐使日常行为规范化。例如，在课堂教学、文体活动中可以进行"遵规守纪、勤奋学习"的教育，在参观、旅游、调查访问、公益劳动中进行"真诚友爱、礼貌待人""严于律己、遵守公德"的教育等。日常行为规范体现在日常生活的各个方面，因而在各种活动，各种时间、场合渗透进行教育是必要的，也是行之有效的。

4. 制约教育法

是指用行为规范、制度或强制的手段去约束学生，使其按正确的要求去做，逐步养成良好的行为习惯的方法。因为中小学生的道德实践在一定程度上还处在"知其然而不知其所以然"的阶段，其道德行为还需要外在因素的监督或强化，所以，制约或强制是培养学生良好的行为习惯、矫正学生不良的行为习惯不可缺少的环节。制约的手段和形式多种多样，对于中小学生来说，主要有三种形式，即规范制约、舆论制约和奖惩制约。

5. 榜样示范法

即为学生提供学习的榜样，以良好的典型去感染学生，影响其行为。在进行教育时，可以先培训部分"基础"较好的同学，成立"行为示范队"，经过一定时期之后，由师生共同评选出遵守日常行为规范的先进个人和小集体，并通过广播、黑板报等形式予以表扬，或给以适当的奖励，以激发同学们遵守日常行为规范的积极性，利用学生爱模仿、争上进的特点，让他们在学习榜样、争做榜样的过程中日常行为日趋规范化。

6. 环境陶冶法

是指教育者有目的、有计划地创设一定的有利于日常行为规范化的教育环境，对学生进行潜移默化、耳濡目染的熏陶、感化。由于中学生大部分时间在校园内度过，他们的行为大部分在校园内表现出来，因而尤其应重视校园环境的优化。要在学校力所能及的范围内，尽可能使校园整洁、美观、舒适，使学生身临其境，自然而然地注意到讲究卫生、爱护公物，久而久之，形成爱护美、欣赏美、创造美的习惯，这被称为是"硬环境"的优化。同时，要注意"软环境"的优化，即在校园内建立起良好的人际关系，形成优良的学习风气和道德舆论，形成优良的班风、校风，造成一种全校上下人人讲文明、守规范的氛围，形成一种无形的力量，以引导学生养成良好的行为习惯。

7. 自我教育法

即在指导学生正确认识规范的基础上，使学生产生认同、尊重、喜爱规范的道德情感，产生学习和遵守规范的内在需要，从而产生内在动力，自觉地认识、评价自己的行为，进行自我修养和自我约束，从而自觉自愿地遵守规范。日常生活的时间、空间范围十分广泛，教育者不可能一一监督指导，因而必须依靠学生自我教育和同学间的相互教育。可以说，日常行为规范教育的目标是实现自我教育，目的在于使学生形成"自律"道德。

进行日常行为规范教育的方法还有很多，如社会实践法、行为评比法、社会监督法、奖惩法等，在实践中都可以综合使用。

五、中学生日常行为规范教育的要求

1. 讲清道理

理通则情深，情深则能产生学习和遵守规范的客观需要，才会把社会的规范转化为内在的行为要求。所以，在进行日常行为规范教育时，始终应当注意向学生讲明道理，要使学生真正认识到行为规范的养成是建立正常教育秩序、社会秩序的基础，是形成优良班风、校风的基本条件，它对个人成才、对整个民族文明素质的提高都具有重要意义，认识到"行为规范"中的每一条都有精辟、独到之处，都不应违反。在整个教育过程中，不能搞强制灌输，否则，学生不可能形成真正的自律道德，只会造成师生情绪对立，或搞当面一套背后一套。

2. 齐抓共管

日常行为规范贯穿于学生学校、社会、家庭生活的各个方面，因而对学生进行教育时应全方位地进行。要统一校内外各方面的认识，争取各种教育力量的协调配合，只有这样，才能有效地形成教育合力，创造优良的育人环境，促进学生规范行为的养成。为此，首先应搞好校内各教学部门、管理部门、后勤部门的协调一致，要做到寓行为规范教育于教学、管理、课外活动和后勤服务各个方面。同时，应争取社会、家庭等各方面的配合，发挥它们各自的优势，使学生在多种时空场合中受到良好的教育熏陶，以此作为学校教育有力的补充。

3. 以身作则

中学生的模仿性、可塑性极强，教师的思想、行为、作风都会受到学生的关注，从而感染、影响他们。因此，抓学生行为规范的教育，就必须先搞好教师的教育工作，规范中要求学生做到的，教师一定要先做到，这样才能给学生树立良好的榜样，同时也是提供一种好的养成环境。否则，学生就难以理解规范，难以真正形成规范行为。

4. 持之以恒

行为规范教育是基础文明工程建设，是学生每天都应遵守和坚持的。因此，行为规范的教育不能搞突击抢攻、一曝十寒，要时时抓、处处抓，使之成为班级、学校的一项长期的、一贯的工作。要争取通过从学生入校到毕业的几年的教育，使学生真正形成良好的行为习惯。为此，就必须有目的、有计划地形成有关制度，创造性地开展各种活动，依靠检查、督促、评比、表彰等手段，保证"规范"教育训练长期有效地进行。

六、技能教育4－1

【教育内容】

在学习分析《中学生日常行为规范》的基础上，参考案例设计一个详细的"日常行为规范表演赛"方案。

【教育目标】

1. 熟悉《中学生日常行为规范》的各条内容。

2. 初步掌握小型比赛方案设计的一般要求。

3. 通过方案的设计，初步掌握日常行为规范教育的部分方法。

4. 通过充实完善"提纲"，提高学生周密思考、富于创造的能力。

【教育程序】

1. 学习常规教育理论，选取教育材料，设计比赛方案。

2. 提供范例。

案例 4 - 1 - 1

"日常行为规范表演赛" 方案提纲

1. 比赛目的

2. 比赛组织安排

（1）总策划；

（2）裁判；

（3）参赛队伍组织；

（4）主持人。

3. 比赛准备

（1）场地安排；

（2）器材准备；

（3）宣传发动。

4. 比赛内容及程序设计

（1）第一轮：抢答题 20 题，每题 10 分，题目如下（略）。

（2）第二轮：规定行为表演，每组一题，每题满分 30 分，抽签定题，题目设计如下（略）。

（3）第三轮：自选行为表演，每组一题，满分 30 分。

（4）第四轮：风险题，每组两次选题机会，每题 10～40 分，题目准备如下（略）。

5. 奖励办法

6. 比赛总结安排

3. 根据平常参加或观看辩论会、抢答赛等活动的经验，集体讨论组织一次比赛应从哪些方面做好准备工作。

4. 集体讨论比赛项目的设计与程序安排。

5. 讨论各类比赛确定得分的办法与比赛要求、惩罚违例行为的办法等。

6. 根据《规范》内容，分小组讨论设计各类题目，要求题目数量充足、质量有一定保证。

7. 根据集体讨论，综合集体智慧，每人独立设计出一个较充实详细的书面方案。

第二节　处理班级中的偶发事件

一、处理好偶发事件的意义

偶发事件是指班级工作中突然发生的、预料之外的不良事件。由于事出偶然，没有预先的思想准备，也往往没有充裕的时间仔细思考处理的对策，因而偶发事件往往都是些棘手的事件。正因为如此，从处理偶发事件的水平最容易看出一个人的办事能力、教育机智、理论修养和思想水平。偶发事件处理得好，可以迅速有效地平息事端，化干戈为玉帛，变坏事为好事，能有效地提高教师威信，增进师生了解和感情。而一旦处理不当，则极易使事态激发，导致师生矛盾冲突，甚至发生难以挽救的恶性事件，损坏教师形象，伤害学生身心。偶发事件看似偶然，实则有发生的必然原因，每个班的班级工作中总会不可避免地或多或少有"偶发事件"发生，因而班主任必须有处理偶发事件的心理准备，要学习和探索处理偶发事件的技能。

二、处理偶发事件的基本要求

1. 要沉着冷静

这是处理好偶发事件的先决条件。如果一遇到不如意的事情就"怒火中烧"，大发雷霆，失去理智，当然就不能作出冷静的思考和选择，也不可能采取最佳的处理措施了。做到沉着冷静，要求教师具有很高的教育修养和心理调控能力，特别是在发生师生冲突时，要做到豁达大度、为人师表，这也就往往要求教师要有超乎寻常的克制力。

2. 要机智果断

这是处理偶发事件事态发展的必然要求。偶发事件发生时，教师往往没有预先的准备，因而要求教师临时作出处理决定。由于事件往往伴随着激烈的矛盾冲突，并可能带来恶性影响，这就要求教师立即作出处理，化解矛盾，制止不良影响的进一步扩展，这都要求教师应机智果断。机智果断并不意味着一定要马上从根本上解决问题、作出最终的裁决，而是要尽可能地平息事端，为当事人平静情绪，为思考进一步解决问题的办法赢得时间。

3. 要公平民主

这是处理好偶发事件的有效策略和基本原则。"公平"主要体现在处理学生与学生之间的矛盾冲突时，要求教师以事实为依据，秉公办事，不偏袒干部和优生，也不歧视"差生"，不以老眼光看人。"民主"一方面表现在当教师与学生发生冲突时，注意师生人格平等，不为维护自身"权威"而以势压人、以力制人；另一方面表现在寻求事件的处理办法时，不搞主观武断，要征求学生和其他有关人员的意见，相信他们解决问题的能力和独到见解。

4. 要教育引导

这是教育目的性体现在处理偶发事件过程中的内在要求。处理偶发事件不只是为了息事宁人，教师处理的过程和处理的结果都能对学生产生不同性质、不同程度的影响，因此，教师必须本着教育学生、促进班级工作和学生身心健康发展的目的处理偶发事件。要允许学生有"偶然的错误"存在，把处理偶发事件看成是一次了解情况、教育引导学生的契机，在处理过程中，要善于从不良事件中找出学生的闪光点，善于帮助学生寻找分析问题、寻找解决问题的办法，要注意维护学生的自尊心。只有这样，才能真正把偶发事件处理好。

三、对偶发事件的"冷处理"

处理偶发事件在教育理论上被称为"处理偶发事件的机智"，可见它本身就是一种教育的技能和艺术，需要班主任创造性地加以探索和运用。一些有经验的班主任在长期的教育实践中，总结出了一个行之有效的处理学生偶发事件的办法，即通常所说的"冷处理"。所谓"冷处理"，是指在偶发事件发生之后，教师（包括班主任）不要急于作出结论，而是通过充分的调查了解和对事件中的学生进行说服教育，使学生自己对问题本身有了基本正确认识之后，再作结论和处理。

因为偶发事件往往伴随着学生的激情和冲动，如果以强硬的办法进行处理，就会火上浇油，不仅不利于问题的解决，而且会促使矛盾进一步激化。

进行"冷处理"，首先是要"降温"，要缓和情绪，缓解矛盾，不能粗暴地把学生推到矛盾的对立面，使他们产生抵触情绪。要给学生留点余地，必要时给学生一个下台阶的梯子。尽管如此，但是"冷处理"不是不处理，也并不是拖到不能再拖时处理。"冷处理"的最佳时机应以学生对问题的醒悟和老师对问题发生的原因、过程、责任等完全弄清楚为宜。处理过早难免偏颇，拖得太久又会使学生的醒悟淡化。因此班主任一定要抓住时机，妥善处理好学生中的偶发事件，从而及时解决矛盾，既帮助经受挫折的学生及时放下包袱，健康成长，又教育其他学生，促进班集体工作的顺利开展。

四、技能教育 4－2

【教育内容】

评议案例，指出它在哪些方面体现了处理偶发事件的技能，并讨论处理这一事件的其他可能办法。

【教育目标】

1. 使学生掌握处理偶发事件的基本要求。

2. 为学生提供一次运用一般原理解决具体问题的机会，使学生获得初步的处理偶发事件的"经验"。

3. 培养学生比较、优选处理问题方案的能力。

【教育程序】

1. 学习有关理论，掌握处理偶发事件的基本技能。

2. 提供范例。

案例 4－2－1

课堂上的手机声

有一次，我正在上课，这是一节练习课，学生正在专心做练习，我在班里来回巡视。正当我给某一同学讲题的时候，忽然教室里传来了手机铃声，这种声音很少见，通常学生是不允许带手机进班的，听到这种声音，同学们都东瞅西看，寻找声音的来源，有的同学开始窃窃私语。我也很生气，环顾整个班级，同学们也是你瞅我，我瞅你，然后他们都瞅着我，看我怎样处理这件事，我发现有一个同学，埋着头，也不瞅别人，一只手伸入抽屉里，另一种手紧握着笔，看来在奋笔疾书，其实脸涨得通红，看到这种情况，我完全明白了，刚才还很生气，但我心里在想：克制克制……如果硬碰硬，肯定不行，这是个聪明且自尊心特强的男孩，如果直接让他拿出手机，他肯定不肯，事件闹大不说，还影响彼此的情绪，我不想让彼此难堪，怎么办？我的大脑飞速运转，同学们也都在看着我。突然，我走上讲台，一拍脑门，说："看我这记性，上语文课怎么忘带语文书了，（其实我根本用不着书）××，快去办公室把我的语文书拿来，并顺便看看你们班主任在不在，告诉他我待会儿有点事找他。"这位同学闻言，赶紧将手快速从抽屉里拿出来，并迅速把手插进上衣口袋里，快步走出教室。一会儿，这位同学拿着我的语文书，很高兴很轻松的样子（看来他已经将手机关机了），说：老师，我把书给您拿来了。我说："谢谢！"这位同学赶紧回到座位上又做起题来，我拿着课本，佯装找我的内容并继续走到刚才那位同学面前，继续讲题，同学们看我不理会这件事，就继续做起题来。事后，这个学生主动找到我给我承认了错误，我也没有把这件事告诉班主任。学生很感激我，以后周一把手机放在班主任那儿，有事需要用的时候再找班主任要。从此这样的事情再也没在课堂上发生过。①

3. 集体评议案例，指出它给了人们哪些启示，从中体现出处理偶发事件应遵循哪些要求。

4. 集体讨论案例中解决对峙的其他可能办法，并说明其好处与可能出现的问题。

5. 个人写出一个处理偶发事件的简单方案，并相互交流，分小组评定各方案成绩。

第三节　非正式群体工作

班级内的学生群体按其组织方式不同，有正式群体（或称正式组织）和非正式群体之分。正式群体是在教育者有目的、有计划的组织下形成的，

---

① 余清叶. 课堂上偶发事件及应对策略［J］. 班级和学生管理指导，2011（11）.

如班委会、团支部、各类班级代表队等，班集体本身也属于校内正式群体。非正式群体是指由学生自愿结合、自发形成的小团体组织。理论和实践都表明，搞好班级工作，必须学习掌握有关非正式群体的知识和教育技能。

一、非正式群体的成因

非正式群体形成的原因复杂多样、各不相同，应具体情况具体分析。一般可以从主观与客观两个方面寻找。

1. 心理的需要

这是班级非正式群体形成和存在的主观原因，也是最根本的原因。学生的正式组织特别是班集体是一个统一目标、统一行动、严格纪律的大群体，而学生个体的特征千差万别，他们各自的目标、兴趣、爱好、思想观念各不相同，造成了他们心理需要的多样性和复杂性。可以说，无论怎样完善的班集体，无论怎样细心能干的班主任都无法完全满足所有学生的需要。因而，就有可能有学生为了培养兴趣、提高成绩而组成一组，也可能有学生为了表示独立、显示能力、满足虚荣心和权力欲而在班级组织之外另成一派，更有学生为寻求友谊、安全、尊重、认同等需要的满足而自愿加入各类非正式群体之中。由此可见，非正式群体的形成是一种正常的社会心理现象的反映，其形成带有必然性。

2. 外因的影响

这是非正式群体形成的客观原因。受升学教育思想的影响，学校、家庭的一切工作都以升学为中心，忽视学生兴趣、特长、个性的发展，没有创造条件满足学生多种需要（特别是学习之外的需要），学生在教师的组织安排下缺乏应有的文娱活动和自由支配的时间，感到正式组织开展的活动太少或对其活动缺乏兴趣，感到生活单调乏味，这些都会在某种程度上迫使学生形成自己的组织，从中寻求需要的满足。同时，影视书刊中大肆宣扬帮会精神、"江湖义气"，无疑会对极富模仿性、精力充沛、争强好胜而又缺乏应有的判断力的青少年产生极大的影响，这些影响也会促使班级中非正式群体的产生。

二、非正式群体的特点

与正式群体相比，非正式群体具有以下特点：

（1）形成的自发性。它们不是由班主任、科任教师有意安排组织的，而是由于时空的接近性或者心理需求上的共同性或互补性而自发形成的。

（2）组织的松散性。它们没有固定的编制，没有特定的组织纪律，往往以个人感情为纽带，投机则合，不投机则散。由于青少年心理体验变异性很大，非正式群体成员的流动更换频率较高。

（3）头目的权威性。非正式群体的头目是在活动和交往中自发筛选产生的，他（们）是依靠自己的某种能力或品德赢得他人尊重和信任的，其他人对他的"拥护"也是出于自觉自愿的。因而他（们）在非正式群体中有很大的权威性，能左右和控制群体中其他成员的行为。

（4）影响的两重性。非正式群体的形成往往只是由于部分学生为了满足自己的需要。需要有正当与非正当之分，非正式群体对班级工作的影响也就有好坏之分，即使是同一非正式群体，由于其目标的不确定性，对班级工作的影响也会时好时坏，表现出明显的两重性。

三、非正式群体的类型

按非正式群体形成的主要原因，可以分为邻近型、相似型和互补型几种。邻近型非正式群体是由于学习、生活的时空距离相近，使学生彼此间接触和交流机会较多而形成的；相似型非正式群体是在共同的兴趣、爱好、理想、价值观基础上组成的；互补型非正式群体则是在追求能力、气质、性格等方面互补的过程中结成的。

按非正式群体的主要功效分，有正向型、负向型和中间型几类。正向型非正式群体是指那些对班级目标的实现有促进作用的非正式群体；负向型非正式群体是指对班级工作的正常开展有破坏作用的非正式群体；中间型非正式群体无固定的目标，或者是与班级目标有时一致有时不一致，此处一致而彼处不一致。

按非正式群体发展水平，可分为内聚型、松散型两类。内聚型的形成时间较长，有明显的核心，其性质和成员构成都较稳定；松散型则往往没有固定的头领，也没有稳定的成员。

四、非正式群体工作的一般要求

1. 要有正确的认识和态度

要正视非正式群体的存在，看到它形成的必然性，把它看成班级发展中的一种正常现象，既要看到它容易滋生小团体主义和自由主义思想、助长不良习气、阻碍班集体正常发展的消极面，也要看到非正式群体在满足学生多种心理需要、协调同学关系、调动学生积极性以加速实现班级目标等方面可能产生的积极作用，不要一见到非正式群体就似乎如临大敌，就一味地不加分析地贬斥。

2. 要调查分析、区别对待

非正式群体的形成有多种多样的原因，形成之后，对班级工作影响的性质、大小也各不相同，为了能在处理非正式群体的工作中抓住根本、抓住重点，就必须首先进行全面深入的调查，找准它形成的原因，分析其性质，然后采取措施，鼓励支持正向群体，争取中间群体，改造负向群体。

3. 要利用和引导

"利用"主要是针对"正向型"和"中间型"非正式群体而言的，班主任应善于利用这些群体成员的积极性和团结精神为班集体做工作，例如可以利用文娱、体育方面"相似型"的非正式群体与班委会一道组织开展班级文体活动。"引导"则主要是针对所有非正式群体而言的，正向群体尽管目标正确，但往往缺乏有效的组织和正确的指导，活动带有盲目性、随意性，特别是在缺乏教师支持的情况下不敢大胆开展活动，这都会导致其正向功能不能得以充分发挥。因而班主任应对其予以一定的组织、指导，给他们权利和时间，使之能向积极方面正常发展。对中间型和负向型的非正式群体尤其要注意引导，通过细致的工作，使他们懂得必须在法律和学校规范准许的范围内活动，引导他们把活动目标统一到班级目标上来，为促进每个人身心健康发展服务，从而变"负向""零向"为"正向"。对非正式群体切不可采取简单的"堵""压""拆"的办法，这样只会引起学生的不满，甚至可能诱发更多的"地下组织"。即使对那些必须取缔的恶性组织，也必须有步骤、有策略地开展工作。实践证明，不论是"利用"还是"引导"，重点做好非正式群体"头领"的教育工作是明智而有效的。

4. 要主动关心学生成长，丰富班级活动

非正式群体形成的原因往往是学校学习压力太大，学生正常心理需要得不到满足所致，因此，作为教育者就必须认识到这一点，并端正办学目的，使学校的一切工作为促进学生全面发展服务。作为班主任，就应主动了解学生的需要，创造条件，积极开展健康、新颖的活动，使正式群体和非正式群体的活动相互统一、相互补充，通过积极的活动满足学生正当的需要，通过优良班风和正确舆论的形成，抑制学生不良需要和负向群体的产生。

5. 要注意提高学生的认识水平

许多负向非正式群体是由于学生认识水平低所致，他们不能正确区分"江湖义气"与"主持正义"、不良习气与风流潇洒，不能正确处理局部与整体、小局与大局、当前与长远利益的关系，也很难区分需要的层次高低、正当与否，这些都要求教师加强有关方面的教育工作，提高学生分析问题、辨别是非的能力，从而使学生主动配合教师的工作，从根本上有效地避免负向群体或负向活动的产生。

五、技能教育 4 – 3

【教育内容】
为案例中的非正式群体制定一则工作方案。

【教育目标】
1. 培养学生一分为二地分析、处理问题的能力和思维方法。
2. 通过制订方案，使学生进一步理解、掌握并初步贯彻非正式群体工作的一般要求。
3. 学习简单工作方案的写作方法。

【教育程序】
1. 学习有关理论，了解非正式群体的特点和成因，掌握如何妥善处理好和他们的关系，写出工作方案。
2. 提供范例。

案例 4 – 3 – 1

李军、张浩、许也是我校五（一）班学生。因我校是高校附属子弟小学，大部分生源来自教职工子女，而此三名学生是来自租住在周边小区的外来务工人员子女，他们在同一班级又居住在同一个小区，自然而然形成一个非正式的小群体。三名同学自升入五年级以来，学习成绩较差，上课不爱听讲，做小动作，家庭作业完成情况差，经常早上来学校抄袭，逆反心理强，经老师批评教育效果不理想。三名同学放学后经常上游戏厅，有时还去网吧打游戏。有一次，家长因天黑孩子没到家，老师配合家长一起将孩子从游戏厅里找回，在半路上，三名学生借故上厕所溜走，不愿回家，直到晚上十一点才被家长重新找到回家。三名学生还喜欢踢足球，一次在小区路上踢球，连续砸坏两家的玻璃窗，被邻居告到学校，经校长与各家长协调平息了此事件。而在教育他们时，从他们脸上却看到不屑一顾的神情。①

3. 集体讨论案例中非正式群体的性质及其优点和缺点。

4. 集体分析案例中非正式群体形成的原因及其进行有关活动时的心理特点。

5. 个人分别独立制订工作方案。

6. 分小组交换、讨论、评价各自的工作方案。

第四节 形成教育合力

一、班级教育合力的构成

通常不少人总是错误地认为班级教育工作就是班主任的事，实际上，班级工作的主体是多方面的，班主任、科任教师、团队辅导员、学生集体、学生家长、校外教育人员等都能成为班级教育工作的有效力量。

班主任一般在班上担任了主要课程的教学工作，是教学的重要力量，也是组织开展德育、文体活动等各方面工作的主导力量。其他科任教师主要负责班级教学工作，他们通过各自的工作，完成德、智、体各方面的教育任务，促进学生全面发展。团队辅导员主要负责学生的思想品德教育工作，通过开展有关活动促进学生品德的形成和发展，进而促进学生素质全面发展。学生集体是一种强大的教育力量，班级风气、舆论、目标、人际关系等都能对学生产生潜移默化的影响，同学间的相互监督、评价，相互的学习、帮助过程具有不可替代的教育作用。在形成班集体并利用它教育影响全班同学的过程中，班干部起骨干作用，是教师的助手。家长是学生的第一位老师，其教育具有早期、长期、直接、具体、细微、深刻等特点，

---

① 邓娟. 班级非正式群体教育的案例研究. 安徽广播电视大学教育管理案例设计与分析大赛参赛作品，2011 - 11.

家长往往是通过教育其子女、继而通过子女影响班级工作，有时也直接参与班级工作。此外，校内所有管理人员、后勤人员，校外教育机构成员和社会上其他教育工作者都能在班级教育工作中发挥各自的力量，起到其特有的影响作用。

各种力量在班级教育工作中的作用具有相对独立性。在自发状态下，他们间的作用方向可能一致，也可能不一致，甚至相反。在目标一致的情况下，可以做到相互协调、相互补充、相互促进，也可能在某时某事的处理上相互矛盾、相互拆台，削弱教育力量。因此，必须改变这种自发状况，做好各种教育力量的组织、协调工作。班主任是这一任务的主要承担者，是形成教育合力的关键人物，也应成为教育合力的核心。而形成教育合力又是一件综合性很强、难度很大的复杂工作，因而班主任必须学习掌握有关的工作技能。

二、形成教育合力的基本要求

1. 加强联系，增进了解

这是形成教育合力的前提条件。"了解"包括以下三方面的含义：第一，班主任了解任课教师和学生骨干的特长、缺陷、优势和工作中的困难，了解家长的工作状况、文化和品德修养、生活习惯、教育方式方法，了解其他人员的基本情况；第二，其他各类人员对班主任的了解，以及他们之间的相互了解，如家长对教师上课情况的了解、任课教师对学生干部的了解等；第三，各类人员对班级教育工作的对象、目标、任务、条件和困难的了解。只有相互了解，才能相互理解、相互信任；只有各类人员对班级工作有较全面、准确的了解，他们才能相互取长补短、协同工作，才会自觉地充当班级工作的主人。深入了解不会自发产生，这就必然要求班主任加强联络工作，不仅要通过电话、通信、家访等形式密切自己与他人的单向联系，而且应动员其他人员经常主动地与自己联系，动员教师、学生、家长之间经常性地相互联系，并为此创造各种条件，如定期召开家长会、师生民主座谈会、教师－家长－学生联席会议，建立家长校访日、家长听课日、师生－家长同乐日等制度，以此促进各方面的了解。

2. 统一目标，明确任务

共同的目标是协调各种教育力量、使之形成合力的基础，缺乏这一基础，形成教育合力就无从谈起。因此，班主任要围绕促进学生全面、健康发展这一总的目标，组织各类人员共同制定班级工作目标，并以此统一各种教育力量的用力方向，避免力量分散和相抵。明确各自的任务是搞好分工合作的重要条件，班主任不仅要明确自己作为教育者的职责和要求，而且也应该时刻具有清醒的组织、协调者的角色意识，要使任课教师、学生、家长及其他人员明确自己在班级教育工作中的地位、作用、任务和要求，以便分工负责，充分调动大家的积极性。

3. 统筹全局，协调关系

由于各类人员在年龄、经验、认识水平以及在教育中所处的地位不同，因而不可避免地会对问题的认识、工作的安排、方法的选用等方面产生分歧，甚至出现矛盾和冲突，这就要求班主任以组织、协调者的身份，从一切要有利于班级目标实现这一大局出发，协调各方的利益关系，处理好各种矛盾冲突，尽可能做到公平、合理，使大家满意。

4. 尊重他人，甘当"配角"

这是对所有组织、领导者素质的基本要求，也是搞好协调工作的必要条件。尊重他人表现为：在任课教师面前不以领导自居，不以"真理"自居；在家长面前不以"教育专家"自居，不指责、教训家长；在学生面前不以"权威"自居，不独断专行，而是尊重他人的人格，尊重他人的安排和选择，看到每个人的价值，虚心、诚恳地听取他人的意见和建议。"甘当配角"则表现为：乐于帮助教师、家长、学生相互间增进了解，积极提高他们的认识水平和工作能力，善于维护家长、任课教师、学生干部的威信，注意为家长参与班级活动提供机会，为他人有效地开展工作创造条件。为他人工作当好了"配角"，班主任也就很好地完成了自身职责，自然当好了自己工作的"主角"。

5. 掌握方法，提高效率

教育力量的组织协调工作头绪众多、费时费力，因此就必须掌握一定的方法和技巧，以提高办事效率，否则，班主任就往往只能每天纠缠于各种日常事务之中不能解脱，甚至影响到自己的教学工作。技巧的掌握在于摸索、总结，更要靠学习。在实践中，不少班主任得出了许多有益的经验。如有人总结家访有鼓励式、就诊式、矫正式、指导式等不同形式；有人归纳出汇报式、讨论式、交流式、展评式、表演式、综合式等多种家长会形式；有人提出家访有七忌：一忌准备不足，二忌突然袭击，三忌动辄告状，四忌责难家长，五忌充当食客，六忌"走马观花"，七忌不作记录；还有人总结出干部轮换制、全员管理制、目标激励制等学生管理方式以及家访日、校访日、同乐日、"联系卡"等联系方式和制度，等等。这些都可供学习、借鉴。此外，也应有意识地在实践中提高自己的公关能力、组织能力、应变能力，以进一步提高工作效率和水平。

6. 创造条件，形成集体

"集体是一种强大的教育力量"，这句话不仅适合班集体，也适合于由教师、学生、家长共同组成的集体。班主任要积极开展各种活动，创造条件，努力把最初只是由各类人员组成的"松散群体"改造成具有一定组织机构和规章制度、定期开展活动、有优良风气和正确舆论的集体。通过这一集体来影响、统一成员的目标，协调各种关系，进而把众多通常纯属于班主任的工作转化为集体的工作，使组织教育力量、形成教育合力的工作进入一种更高更新的境界。

三、技能教育 4 - 4

【教育内容】

设计家长会的方案。

【教育目标】

1. 使学生了解家长会的主要形式、内容和不同学习阶段的要求。
2. 学习掌握主持家长会的一般组织程序。
3. 培养学生的组织能力和创造、设计能力。

【教育程序】

1. 学习有关理论，了解组织家长会的基础知识和技能。
2. 提供范例。

案例 4 - 4 - 1

期末家长会设计方案

一、家长会前期准备

1. 确定主题。2. 选取入场音乐，创设愉快的会场氛围。3. 设计黑板布置。4. 向家长发放困惑咨询表和班级建设意见征集表，征求家长在家庭教育方面的困惑和对班级工作的建议和意见。（在开家长会前一天务必收回、整理）5. 制作班级本学期取得的各项成绩及孩子在校的点滴 DV 片。6. 请家长准备一句发自内心的对孩子本学期的学习生活方面的点评和对孩子新学期的展望。（在家长会上进行交流）7. 与个别家长沟通，准备在家长会上介绍自己的教育心得。（并将提前准备发言的家长分在不同小组）8. 将教室座位合并成 6 个小组，每个小组 6~7 人。

二、家长会过程设计

1. 向家长分发本学期学生评语。2. 班主任总结一学期以来班级建设取得的成绩。3. 班主任总结期末检测的情况。帮助家长分析原因和今后的改进措施，并指导家长正确对待考试成绩。4. 家长分组交流教育心得和教育中存在的困惑，相互学习，共同提高（讨论结束后，每小组安排一名家长发言）。5. 家长代表发言：吐露自己的教育心得和感慨，表达对孩子的看法和希望，提出自己的见解，并对班级今后的工作提出建议和意见。6. 反馈家长问卷中的问题，并给家长提出几点教育孩子的建议。帮助家长认识到学生的成长应该是全面的，不能仅仅看成绩，更要注重学生在成长过程中身心健康、人格健全。要以发展的眼光看待学生，关注孩子一点一滴的进步，以亲情的力量帮助孩子，助他们起跑。7. 观看班级 DV 片，取得家长对班级工作的支持和理解。8. 对新学期的学习生活提出展望和期待。9. 假期的安全教育。10. 与部分家长进行个别沟通。①

3. 阅读案例，了解高中阶段家长会的主要内容、特点，并选定一个设计内容。

4. 分头设计方案。

5. 分组评议方案。

---

① 姜汉建. 期末家长会设计方案［EB/OL］. 姜汉建博客，2011－06.

第五章　班级教育工作（上）

第一节　班级德育工作

班级德育工作是班级教育工作的核心与关键，它直接决定了班级教育工作的方向，并影响其深化与升华。班主任作为班级的直接组织者、领导者、教育者，在班级德育过程中承担着首要的任务。

一、班级德育内容

班级德育的基本内容包括：

（1）爱国主义教育。向学生进行忠于祖国、热爱祖国的教育，培养学生热爱祖国、热爱人民、热爱中国共产党、热爱社会主义的观点与真挚情感；热爱并尊重民族文化和优良传统，增强国家和民族的意识，具有民族的自尊心和自豪感；培养学生积极进取、自强不息的精神，增强为实现社会主义现代化建设而奋斗的信心和勇气；教育学生鄙视崇洋媚外的自卑心理，热爱世界各国人民，谋求世界和平。

（2）革命理想教育。对学生进行正确的生活目的和奋斗目标的教育，激励学生树立自己的理想，使其真正成为学生前进的动力，提高学生分辨崇高理想与低级欲望的能力；把革命理想教育与革命传统教育结合起来，引导学生把自己的理想同祖国的前途、民族的命运紧密地联系在一起，激发和调动学生学习的积极性、主动性和创造性。

（3）集体主义教育。对学生进行关心集体、热爱集体和善于在集体中生活的教育。教育学生正确处理个人与集体的关系，培养集体主义精神，树立对集体的责任感、义务感、荣誉感；加强组织性、纪律性，发扬团结友爱、互相帮助的精神，把集体主义教育与充分发展学生个性统一起来；教育学生把集体主义与"小团体主义"区别开来。

（4）劳动教育。培养学生树立正确的劳动观念和劳动态度，热爱劳动人民，掌握一定的劳动知识和技能，养成热爱劳动的习惯；教育学生勤奋学习，为参加现代化建设作好准备；爱护公共财物和劳动成果，培养学生艰苦奋斗、勤俭节约的良好品德。

（5）民主、纪律与法制教育。用社会主义民主和法律的基础知识对学生进行教育，使学生从小受到民主的熏陶和守法的教育，培养学生民主思想和参与意识，提高对纪律的认识，加强纪律性，使学生养成遵守纪律的品德和习惯，善于服从国家和集体的统一意志，熟悉法律常识，严格遵纪守法。

（6）文明行为习惯的培养和社会主义人道主义教育。培养学生文明行为习惯；教育学生发扬社会主义人道主义精神；培养学生诚实、谦虚、勇敢、正直、耐心、朴实等良好的基本品质。

（7）科学世界观与正确人生观教育。提高马克思主义基本理论修养，为形成正确人生观、世界观打好基础；端正学生对人生的认识和态度；逐步教育学生运用马克思主义观点、方法看问题。

二、班级德育的主要原则

1. 共产主义方向性原则

在班级德育过程中，要以共产主义思想为指导，坚持共产主义方向，始终体现社会主义现代化建设的需要。它要求一切德育活动都必须以马克思主义观点、共产主义思想为指导并使之与学生的学习、生活和各项活动联系起来，贯穿始终。

2. 知行统一原则

在班级德育过程中既要重视对学生进行系统的理论教育，又要重视通过实践活动训练学生的思想行为，培养学生表里如一、言行一致的品格。班主任不仅要组织系统的理论学习，而且要有计划地组织学生参加各种实践活动，使他们在活动中加深认识，形成良好的行为习惯，做到言行一致。同时，教育者言传身教，自己先做到言行一致。

3. 正面引导原则

在德育过程中，坚持说理教育，采用启发、诱导、引导等多种方式调动学生的积极因素，克服学生自身的消极因素。坚持正面引导，要坚持以鼓励、表扬、奖励为主，切忌讽刺、挖苦、体罚和变相体罚。教育者要善于抓住契机，因势利导，积极做好学生的转化工作。

4. 热爱、尊重与严格要求相结合的原则

在德育过程中，教育者要热爱、尊重学生，同时也要严格要求学生，把对学生的严格要求与对他们的尊重与信赖结合起来。教师要真诚地热爱学生，没有爱就没有教育。在此基础上坚持原则，严格要求学生。教育者要时刻注意爱护并培养学生的自尊心。

5. 集体教育原则

在德育过程中，教育者要注意培养集体，教育集体，使集体成为一种教育力量去教育和影响它的每个成员。坚持集体教育原则不是取消个别教育，而是强调集体教育原则下的集体教育与个别教育相结合。通过个别教育也可以推动集体的形成和发展。

6. 从实际出发的原则

在德育过程中，教育者要根据受教育者的年龄特点、个别差异及影响其思想品德形成和发展的实际，有的放矢，因材施教，以期取得显著的教育效果。班主任对学生存在的问题，特别是后进生的缺点、错误，要实事求是，不任意夸张。在选择教育方法时，班主任要从学生的年龄心理特点出发，坚持深入细致的调查研究。

7. 教育影响一致性和连续性原则

在德育过程中，教育者要调动、协调各方面的教育力量，使之相互衔接，统一连贯，形成系统，充分发挥教育影响的整体效应。它首先要求统一学校内部各方面的教育力量，同时注意发挥学校教育的主导作用，沟通学校、家庭与社会之间的联系。此外，还要加强德育工作的系统性。

三、班级德育的实施途径

1. 思想政治课教学

思想政治课是向学生系统进行社会主义思想品德和政治教育的一门课程，在各种教育途径中占有特殊地位。班主任要积极配合该学科教学，主动关心学科情况，与学科教师密切联系，教育学生积极主动地学好思想政治课，并引导学生理论联系实际，学以致用，努力完成思想政治课的教育任务。

2. 其他学科教学

其他各学科教学内容都有丰富的思想教育因素。班主任要善于配合各学科教学对学生进行潜移默化的教育和熏陶，把学科知识的教学与德育有机结合起来，寓德育于智育之中。配合各学科教学向学生进行四项基本原则的教育，帮助学生树立共产主义的远大理想；进行辩证唯物主义和历史唯物主义教育，使学生树立正确的人生观与世界观；进行爱国主义教育，培养学生为国家富强、人民富裕而奋斗的奉献精神；进行社会主义道德和纪律教育，培养学生高尚的道德情操和自觉守纪的观念。同时，要注意意志品质的培养，使学生养成坚韧不拔的品格。

3. 活动课教育

活动课是生动活泼地对学生进行德育的一个重要途径。如组织学生开展丰富多彩的科技、文娱、体育等活动，组织兴趣小组，进行各种竞赛等。通过活动，扩展学生的知识视野，发展学生的个性特长，培养学生良好的素质。班主任一般要直接组织和参与学生的活动课。

4. 社会实践教育

社会实践是培养全面发展的一代新人、提高民族素质不可缺少的重要途径。班主任要教育学生在学会自我服务性劳动和必要的家务劳动的同时，组织学生参加一定的生产和社会服务性劳动，使学生树立正确的劳动观点和为他人、为集体、为社会服务的观点，培养学生热爱人民和有社会责任感，使其掌握一定的劳动技能，养成爱劳动的习惯。还应积极主动地组织学生进行参观、访问、社会调查、军训等社会实践活动，使学生开阔眼界，更深入而真切地了解社会，增长才干。

5. 团、队、学生会组织及活动

团、队、学生会是学生自己的组织，也是学校德育工作中一支最有生气的力量。班主任要大力支持和配合团、队、学生会组织，协调相互的关系，经常了解情况，及时给予指导。

6. 家庭教育

家庭教育是班级德育的重要补充，对班级德育效果的深化有着不可忽略的影响。班主任要积极主动争取家庭教育的配合，通过家访、信访、家长会等多种渠道和家长建立联系，共同协商，形成教育合力。

7. 社会教育

充分发挥社区环境中的积极教育作用，避免其中的不良影响，对学生身心健康的发展有着重要的意义。在学校及社会有关部门的具体安排下，班主任要充分利用社区各种教育力量，通过与街道委员会、村民委员会以及工厂、部队、机关等建立固定联系，建立学校与社会相互协作的教育形式，聘请优秀的校外辅导员，形成社会教育网络。班主任还要重视社会各种信息对学生的影响，努力争取社会各方面力量对教育的支持，以净化学生的成长环境，树立有益于他们健康成长的社会新风尚。

四、班级德育的基本方法

1. 说理教育法

通过向学生摆事实、讲道理，使学生提高认识水平，接受某种观点或改变错误观念，建立新的思想行为规范。具体方式有讲解、谈话、演讲、报告、讲座、讨论、辩论、参观、访问等形式。这种方法最基本，无论什么年龄的学生，都离不开说理教育，无论采用其他的何种方法，都需要结合运用说理方法。

2. 情感陶冶法

通过创设有教育意义的情景和组织有教育意义的活动，潜移默化地培养学生的思想品德。具体方式有人格感化、环境陶冶和艺术陶冶。运用情感陶冶法要注意创造良好的教育情境，并与说理教育密切结合。

3. 榜样示范法

以他人的先进思想、优良品质和模范行为来影响学生的思想品德，使学生从富于形象性、感染性和可信性的榜样中受到深刻的教育。榜样的种类有伟人典范、教育者的示范和学友中的好样板。教育者要善于选择与本班学生年龄相当、社会地位大体相近的榜样，作为学生个体某种信念的体现者。同时，要注意发挥教师自身的榜样示范作用。

4. 实际锻炼法

按照一定的要求，组织学生参与各种实践活动，形成良好的思想品德和行为习惯。包括教育教学过程中的参与和社会实践的参与。班主任要积极创造条件，让学生的品行通过各种途径得到多方面的锻炼。

5. 自我教育法

受教育者在自我意识基础上产生进取心，为形成良好的思想品德而向自己提出任务，进行自觉的思想转化和行为控制。具体方式有理论学习、座右铭、立志、自省、慎独等。教育者要善于激励学生进行自我教育，并根据学生身心发展的特点，予以适当的指导，引导学生掌握思想道德标准，帮助学生树立正确的是非、善恶、美丑观念，提高自我认识、自我约束和自我批评的能力。

6. 品德评价法

对学生已形成的思想品德或品德发展状况进行肯定或否定的评价，帮助学生正确认识自身和他人的品德面貌，提高学生对品德规范的认识，促进学生的品德认识向品德行为转化，鼓励他们积极上进。具体方式有表扬与奖励、批评与惩罚、操行评定、评比竞赛等。它要求教育者善于透过现象看本质，充分发扬民主，使评价公正合理。

五、技能教育 5 – 1

【教育内容】

切实领会班级德育的基本原则，并融会贯通，用之于德育实践，是形成班级德育工作技能的关键。我们选取其中的说理教育法和情感陶冶法作为本节教育内容。

【教育目标】

1. 明确说理教育法和情感陶冶法的特点和基本要求。

2. 了解两种方法的基本步骤及要求。

3. 触类旁通，通过两种方法的教育能自觉进行其余方法的教育，达到全面掌握的目的。

【教育程序】

1. 学习德育方法理论，掌握说理法和情感陶冶法的基本要求和步骤。

2. 提供范例。

案例 5 – 1 – 1

学校按惯例举办合唱比赛，对此，每个班都很重视，都在积极准备，我们班也不例外。学生们每天放学后都留下来认真排练，还特别加了情景剧和手语，一切都很顺利。大家对取得好名次分外有信心。

比赛当天，轮到我们班表演，学生们很快在舞台上站齐，大家都信心满满。然而没想到，此时本应配合视频播放的音乐竟然是乱的！舞台上的宝贝们顿时不知所措，终于"抓到"音乐，便跟着唱了；好不容易赶上节拍，音乐又"跑"了。恍惚间，我也不知道他们是怎么唱完、怎么走下台的。下台入座后，整个班弥漫着一种低迷的、沮丧的气氛。孩子们感觉很丢脸，于是互相指责。我很理解学生们此刻的心情，但一味抱怨解决不了问题。于是，思考片刻后我严肃地说道："比赛结束后我们留下来。"

待其他班师生离开后，我站起来，面对全班学生说："今天我们的背景视频虽然出了点问题，但我相信这浇不灭我们的努力，摧毁不了我们班的价值，我们依然可以做得很好！今天，就在此刻，让我们对着这没有观众的舞台，把我们自己努力的成果展示出来。"列队前所未有的快、静、齐。歌声开始了，每个人都很认真很用心地表演着，就像自己是主角一样。此刻，无需我再说什么，无尽的话语全部融入歌声中。

回到班上，经过我短暂的安抚和引导，学生们逐渐从比赛失利的阴影中走出来，开始理性、客观地分析问题，班级气氛充满了温馨，充满了希望，充满了积极向上的激情。①

案例 5 - 1 - 2

2011 年的秋天，又一个新的学期开学了，我又迎来了一个个朝气蓬勃、晨露般鲜活的孩子。开学两星期了，每每上课时，从一双双清明澄澈的眸子中间我总能感觉到有一双很依恋的眼睛，羞涩敏感，像离开母亲怀抱的小鹿，又渴望着从这里得到关怀与明确的方向。

"这个孩子一定有问题。"多年的经验告诉我。

下课后，我找前任班主任一了解，果不其然，这个男孩子三岁时，父母离异，而且一直跟着爸爸长大。更可怜的是，跟他们一起生活的叔叔也是个光棍，也就是说，在这个男孩子记事的十几年里，他从来没有享受过如水般清灵润泽的母爱。

"做他的妈妈吧。"我别无选择。星期天，走进商场，为他挑了一身保暖衣，把他叫到办公室让他试穿。拘谨不安的他怯怯地说："老师，我学习不好，您不用关心我。"

"是孩子都需要关心，无论成绩好坏。"我微微一笑。

---

① 邵静. 唱给我们自己听 [J]. 班主任，2014 (4).

冬天到了，其他的孩子们都穿上了暖暖的棉衣，而他却用自己单薄的身体和季节的凛冽对抗着。我又为他买来了厚厚的棉衣。

当学习委员来我这儿"告状"，说李伟迟到和未交作业时，我没有深究，只是轻描淡写地提醒他两句。我知道如果密切关注他身上的缺点只会让他更自卑。因此，面对他并不是特别上进，成绩也时好时坏不稳定的情况，我又常常保持了几分耐心。

几个月过去了，终于，高考前的他完全改变了，全身心地投入、奋进拼搏成了他的写照，最终他考上了一所还算满意的高校。[①]

3. 综合案例，分析说理教育法和情感陶冶法的要求和步骤。

4. 联系实际，进一步领会说理教育法、情感陶冶法的基本特点、要求和步骤，针对某一问题模拟类似的教育情境。

5. 课外阅读某案例，分析它运用了何种德育方法，其特点、要求和步骤如何。

第二节 指导学生学习

学生以学习为天职。作为班级的组织者、教育者和领导者，作为学生成长的引路人，班主任必须把更快更好地提高学生的学习质量作为重要职责承担起来。

一、指导学生学习的主要内容

（一）培养学生良好的学习心理和学习习惯

1. 具体内容

（1）树立正确的学习目的。

A. 引导学生为中华之崛起而读书；

B. 清除学生在学习上的不正确目的和杂念；

---

① 赵永娥. 因材施教：千人千方——六分爱心，四分耐心［J］. 班主任之友，2014（5）.

C. 教育学生把远大志向和近期目标相结合。

（2）端正学习态度。

A. 有明确的学习动机和学习目标；

B. 有乐观的学习情绪和浓厚的学习兴趣；

C. 有坚强的学习毅力。

（3）培养学习过程中积极的自我意识。

A. 建立自尊心；

B. 树立自信心；

C. 学会中肯地自我评价。

（4）提高学生学习的意志力。

A. 学习勤奋刻苦；

B. 学习持之以恒；

C. 学习专心致志。

2. 培养方法

（1）从正面教育入手。

A. 教育学生明确学习目的，树立远大理想，激发学生的民族自信心、自豪感与社会责任感，使他们在内心有一种为振兴中华而发奋学习的斗志和勇气。

B. 用崇高的榜样激励学生，使他们产生为祖国、为真理、为人类献身的神圣愿望。

C. 班主任和科任老师密切合作，在教学中把知识性和趣味性结合起来，在揭示大自然与社会生活的奥秘中，使学生体会知识的力量；给学习困难的学生创造成功的机会，增强其自信心；教育学生珍惜老师的辛勤劳动。

（2）适当引入竞争。

A. 设置有效的竞争办法，如学科成绩评比、作业评展，还可慎重组织学习竞赛、考试排名次等；

B. 竞争应尽可能给每个学生同等的机会，整个过程中不应该有歧视现象；

C. 竞争本身不是目的，应在竞争中提倡交流，取长补短，共同上进。

（3）创造契机培养学生的意志品质。

A. 用同龄人榜样的力量去影响学生；

B. 发挥教师的表率作用；

C. 在活动中培养学生的耐力，以强化意志品质。

（二）指导学生掌握科学的学习方法

1. 帮助学生掌握科学的学习规律

（1）打好基础；

（2）循序渐进；

（3）温故知新。

2. 帮助学生掌握科学的学习方法

（1）指导学生搞好课堂学习。

A. 良好的课前准备；

B. 注意力集中；

C. 及时弄清教材思路和教师讲课思路；

D. 有选择地做好笔记；

E. 较强的参与意识。

（2）指导学生搞好课外学习。

A. 指导学生搞好课外阅读；

B. 指导学生参加课外实践活动。

（3）指导学生搞好课后复习。

A. 确定复习重点；

B. 比较教材思路、教师思路和学生自己的思路；

C. 指导记忆方法；

D. 做好笔记整理工作和课后作业；

E. 拓宽思路，尝试提高。

3. 帮助学生掌握正确的读书方法

（1）常用读书方法。

A. 泛读法，即广泛阅读，以扩大知识面，促进知识迁移。同时，要有鉴别地读；必须安排好时间；不能单从兴趣出发。

B. 精读法，即对某些能直接提高功课水平的篇章抓住不放，认真钻研，以求深知。

C. 深思法，无思则无获，深思则深得。要善于多角度思考和独立思考，敢于质疑问难。

（2）读书要求。

A. 博专结合；

B. 读思结合；

C. 循序渐进；

D. 持之以恒。

（三）培养学生的自学能力

有人认为："未来的文盲将不是那些不会阅读的人，而是没有学会怎样学习的人。"自学能力是学生在学习过程中必须具备的基本能力，是学生探索新知识的最基本的能力，也是当代科学技术发展对人才培养的迫切要求。

1. 具体内容

（1）独立阅读的能力，包括思维能力、理解能力、分析概括能力及查阅资料、文献、使用工具书的能力和表达能力、评价能力等。

（2）组织学习的能力，包括制订学习计划、调节学习进度、组织自己智力活动等能力。

（3）自我监督的能力，包括学习的总结、认识、评价、督促、调控等能力。

（4）解决问题的能力，包括判断能力、推理能力、实验操作能力、组织管理能力等。

2. 培养方法

（1）激发学生自学的自觉积极性；

（2）帮助学生制订学习计划；

（3）指导学生自学方法；

（4）帮助学生掌握运用多种工具书、学科参考书的方法；

（5）引导学生品尝自学成果，体验成功感；

（6）创设良好的自觉情境，不包办代替，给学生留有余地。

二、指导学生学习的基本原则

班主任在做学习指导时，应注意以下几条原则：

（1）整体性原则。指一方面班主任和各科任老师都要对学生进行学习指导，另一方面指导学生学习时，不能就方法而论方法，应该从组成学习活动的各个要素（自觉性、学习动机、态度、能力、心理素质等）进行尽可能全方位的指导，从而使学生的学习过程整体得到优化。为此，班主任应主动配合工作，让学生适应各种风格的教师的教法。同时尽量创造条件，吸引任课教师参与本班的学习指导工作，加强师生之间的信息交流和反馈。

（2）理论指导与培养实际能力相结合原则。指为了使学生掌握科学的学习方法，在对学生进行必要的学习理论指导的同时，指导学生把理论知识转化为自己的实际学习行动，实现由感性认识到理性认识的飞跃，真正掌握科学的学习方法。因为掌握一种科学的学习方法，实际上是在形成一种学习能力。因此，班主任在指导学生学习时，切忌纸上谈兵。既要进行学习方法的传授，更要重视让学生进行掌握学习方法的实际操作，只有通过训练，学生才能体验学习方法是否可行和有效，从而找到适合自己的学习方法，并在实践中加以巩固、完善和创新，最终内化为自己的知识和能力。

（3）集体指导与个别指导相结合的原则。指班主任在指导学生学习时，既要面向全体学生，又要针对不同学生的实际情况进行具体的个别指导。不同学科有相同的学习方法，不同特点的学生在学习方法上也有共性。集体指导可以使大多数学生掌握不同学科共同适用的学习方法，使不同特点的学生掌握普遍的、基本的学习方法，形成良好的学习习惯。但是，不同学科学习方法有其特点，不同层次或即便是同一层次的不同学生运用的学习方法也有差别，因此在坚持集体指导的同时，要依据不同学科的特点和不同对象的不同问题，采取不同的指导措施，提高学习指导的有效性。

（4）评价与反馈相结合的原则。班主任在指导学生学习时，要常常引导学生采取定性和定量相结合的方法，对学习成绩、学习动机、学习意志、学习方法、学习习惯和学习能力等进行自我评价，并及时得到反馈信息，发现自己在学习中的进步和存在的问题，以便扬长避短，把学习水平提高到一个新的高度。心理学实验证明，如果没有对自己的学习成绩作出评价，不了解自己的学习结果，那么学生的进步肯定是缓慢的。

教无定法，学亦无定法。班主任要有针对性地做好对学生的学习指导工作，必须虚心学习、努力实践、善于观察、及时总结，探索学习指导的一般规律，提高学习指导效率。

三、指导学生学习的主要组织形式

主要分为两大类：一是显性的学习指导，即列入课程计划和课程表的形式，如课程讲授式、专题讲座式等；二是隐性的学习指导，即未列入课程表、通过潜移默化进行指导的形式，如学习环节渗透式、教师示范式等。具体说来主要包括以下九种形式。

（1）专题讲座式。举行定期或不定期的专题讲座，帮助学生获得某方面比较深刻的有关学习的知识。

（2）学习环节渗透式。以教和学环节为主线，通过教和学把学习指导的诸因素渗透其中。

（3）经验交流式。学生之间总结、交流学习经验和体会，取长补短，改进学习方法。

（4）个别指导式。根据学生学习情况，有针对性地对学生学习知识上或学习方法上存在的问题进行有的放矢的指导。

（5）课程讲授式。这是列入课程表，教师向学生传授系统的科学知识的指导形式。

（6）具体学科渗透式。以某一具体学科的教学为主线，教师把学习指导的诸因素渗透到教学活动中。

（7）学习程序式。把学生学习的内容和方法组成一定的学习程序，依此对学生进行训练。

（8）教师示范式。通过教师的典型示范或提示，对学生进行学习指导。

（9）自学辅导式。在教师辅导下，学生通过自己独立学习、独立钻研，获取知识、发展智能，培养和提高独立发现问题和独立解决问题的能力。

四、技能教育 5-2

【教育内容】
培养学生良好的学习心理，掌握学习方法。

【教育目标】
1. 了解并把握良好学习心理培养的关键、基本要求与步骤。
2. 结合实际问题，能拟定培养学生良好学习心理的方式方法。
3. 能自觉进行学习方法指导和自学能力培养方法的技能训练。

【教育程序】
1. 学习有关理论，掌握培养学生良好的学习心理的基本原则和主要方法。
2. 提供范例。

案例 5-2-1

刘同学乐观开朗，好学多问，有明确的人生目标。高一体检时，他被查出色弱，这下可急坏了。他当时追着医生问了好长时间，晚自习又跑来问我以后填报高考志愿时有没有限制。我告诉他，限报以颜色波长作为严格技术标准的化工与制药、生物科学等专业。他听后神色黯然："本想报考生物专业，现在没希望了。"因为以前也听他说过自己色弱，看起来并不像很在乎的样子，所以我以为他会很快调整好心态。但在之后的观察中，我发现他不像以前那样爱说爱笑了。理科老师也反映，他上课经常低着头，课后也不找老师问问题了。

"没希望了"这对一个人是多么沉重的打击！一天休息时间，我约他到校园旁的林荫小道散步。谈话中，我了解到其实这个问题已困扰他多年，只是他很少表现在脸上。了解他的心结后，我给他讲了一个自己的故事：上高中时，我最大的愿望是当医生，因为我家在农村，看惯了农民看病的种种艰难，当然更吸引我的还有医生神圣高贵的外表、稳定的工作和丰厚的收入。但当时只有理科生才能考医科，而我的理化成绩差到极点，残酷的现实让我心灰意冷了好长时间。为了跳出"农门"，无奈之下，我选择了要求稍低的师范专业，走上了三尺讲台。在与学生的接触中，我居然发现自己很适合做一个教书育人的教师，理想和现实的矛盾自然化解了。

"老师，那您有没有因为没有做成医生而留下遗憾？""以前有，但现在没有了。"简单的对话后，我发觉他的情绪有所好转，便转而问他还有哪些职业理想。他跟我讲了很多很多，听得出，他积累了不少这方面的知识，更重要的是他已不像以前那样纠结了。他已经知道，其实并非真的"没希望了"。我趁热打铁："舍弃一棵树木，你将得到一片森林。"他会心地笑了。看他欢快地跑向教室，我坚信，阳光又回到他身上了。

和谐育人，首在育心。学生遭遇挫折后，极易产生失望、沮丧、忧郁等情绪。教师要抓住契机，帮助学生改变不良情绪，培养他们良好的学习心理。①

3. 学习掌握培养学生良好学习心理的具体内容、原则和方法。
4. 通过案例分析学生调节学习心理的过程。
5. 根据案例分析培养学生良好学习心理应遵循的原则和所采用的方法。
6. 联系实际，谈谈如何针对学生骄傲自满心理进行学习指导。
7. 自觉进行各类学习方法指导与自学能力培养的技能教育。

---

① 许伯祥. 读懂学生，打开心结 [J]. 班主任，2014（4）.

第六章　班级教育工作（下）

第一节　组织班级体育活动

班级体育活动是班主任教育和组织本班学生积极参加体育锻炼，采取有力的卫生保健措施，增强学生体质，提高全班学生健康水平的活动。它是全面素质教育的重要组成部分。中小学生是长身体的关键时期，班主任应根据有关规定，为青少年一代身心健康成长，为增强中华民族的体质，做出积极的贡献。

一、班级体育的作用

班级体育在促进学生整体素质得到充分发展中起着不可替代的重要作用。

（1）班级体育是增强学生体质、促进生长发育最积极最有效的手段。这是因为体育活动过程可以加速学生身体的新陈代谢，促进身体发育。体育活动时能量消耗大，然而活动之后能量的恢复一般超过运动时能量消耗的水平。超量恢复的能量用于合成磷酸肌酸、糖原、蛋白质，为生长发育积累更多的物质基础，从而有利于学生体质的增强。

（2）班级体育活动对学生身体各系统的结构和功能产生积极影响。长期坚持体育锻炼的学生，①骨的抗折、抗弯、抗压的性能提高，关节的灵活性增加；②肌纤维变粗，肌肉体积增大，肌肉发达而结实、健壮而匀称，富有耐力和弹性；③良好的锻炼可以增强心脏功能；④呼吸肌发达，胸围增大，肺组织弹性好，肺活量增大；⑤可以刺激生长素等激素的分泌，促进生长发育；⑥可以提高神经细胞的工作能力。

（3）班级体育活动有益于学生德、智、美素质的全面发展。体育活动以它自身的独特性有利于德育、智育、美育的实施。首先班级体育活动本身就有促进德育、智育、美育任务完成的功能。通过班级体育活动，可对学生加强爱国主义、集体主义、组织性、纪律性、荣誉感、责任感等思想品德教育；通过班级体育活动，不仅促进运动智力的发展，而且促进整体智力水平的提高，不仅使学生感受而且使他们展示人的动作美、形态美、健康美、精神美。同时，通过经常化的班级体育活动，确保学生体质增强、发育良好，为德育、智育、美育的实施提供良好的物质基础。

二、班级体育活动的基本内容与形式

班级体育的内容主要包括实施体育活动和完成卫生保健工作两个方面。根据《关于中、小学体育工作暂行规定（试行草案）》的规定，班级体育的基本内容与形式可归纳为表6-1所列。

表6-1 班级体育活动的基本内容与形式

基本内容	形 式
季节性长跑	量化评比
"两操"训练（课间操、眼保健操）	同 上
球类（乒乓球、排球、篮球、足球等）	普及性训练与比赛相结合
田径运动（走、跑、跳、投）	同 上
韵律操	训练式
体操（基本体操、技巧、单杠、双杠）	训练式
趣味体育比赛（游泳、滑冰、爬山等）	比赛式
组建班级运动队	训练式
卫生与保健问答	咨询式

三、开展班级体育活动的原则

1. 全面性原则

是指全面实现体育任务，促进学生身体素质和基本活动能力匀称协调发展。既要完成锻炼学生身体、增强学生体质的任务，又要搞好卫生保健

工作，促进学生身心健康，还要认真积极地完成思想品德教育的任务。同时，要教育学生参加各种体育活动，进行全面的锻炼，不能太单一、偏颇。

2. 经常性原则

体育锻炼必须持之以恒、长期不懈。班主任要以"贵在坚持"的精神教育学生，保证每个学生每天有一小时的体育锻炼时间，引导他们把锻炼身体与培养坚强意志结合起来。

3. 循序渐进原则

体育锻炼的循序渐进，一方面是指运动量的安排应该根据人体生理机能活动规律和学生的体力情况由小渐大。另一方面，为了使学生掌握一个动作或一项运动技术，应该注意由易到难、由简单到复杂，不可急于求成。

4. 健康性原则

实施体育活动是为了增进健康。为此，在组织学生进行体育锻炼、开展班级体育活动时要从学生的实际出发，在统一计划、统一要求下，对不同性别、不同年龄、不同爱好、不同体质、不同基础的学生，要因人而异、区别对待，使全班学生都能逐步提高体育技能，并具有健康的体魄。

四、开展班级体育活动的方法与步骤

1. 制定班级体育工作计划

制订班级体育工作计划，一要了解全班学生身体素质、常发疾病、体育锻炼、卫生保健情况，既要掌握全班总的情况，也要掌握班内每个学生的情况；二要确定班级每年、每学期的体育工作目标，包括学生身体素质目标、常见疾病防治目标、卫生目标等；三是按照目标要求制定相应的措施，措施要具体、明确、可行；四是形成书面计划。

2. 严格执行有关学校体育工作的规章制度

这些规章制度主要有：（1）中小学生"一日生活制度"，即一日生活常规，如要求小学生一天睡眠不可少于 10 小时，初中生不少于 9 小时，小学生学习时间不超过 6 小时，初中生不超过 7 小时，等等。其目的在于合理安排学生的课业负担，保证学生的课间活动与休息。（2）"每天一小时体育活动制度"，包括早操、课间操和课外体育活动，课间休息不计在内。（3）认真实施《国家体育锻炼标准》，增强学生体质，提高运动水平。班主任要认真组织本班学生按照"达标"标准认真锻炼、训练。（4）认真执行"学生体质、健康检查制度"，每年一次体检，认真进行，搞好记录，掌握每个学生的健康情况，采取相应的防治措施。

3. 培养学生对体育活动的兴趣

"兴趣是最好的老师。"班主任要帮助学生认识体育锻炼的作用；利用学生对名人的崇拜心理，讲述名人锻炼身体的范例；利用教师的示范作用，把游戏引入体育活动；开展灵活多样的体育竞赛；发挥有体育特长的同学的领头作用。

4. 配合体育教师开展教学

班主任既要掌握有关体育知识，也要掌握有关体育训练要领，并能给学生以指导。

5. 抓好学生良好卫生习惯的培养

良好卫生习惯包括：（1）个人卫生习惯，如勤剪指甲，饭前便后要洗手，睡前洗脸刷牙，女学生要注意经期卫生等。（2）公共卫生习惯，如不随地吐痰、擤鼻涕，不随地大小便，不乱扔杂物等。（3）生活习惯，如按时作息，早睡早起，养成正确的走、坐、卧姿势等。（4）饮食卫生习惯，如定时定量，不暴饮暴食，不偏食、挑食，细嚼慢咽，不边走边吃，食不言，不吃生冷、腐烂食物，餐具专用等。（5）用眼卫生习惯，如阅读姿势要正确，眼离书本一尺远，做到昏暗不看书、躺着不看书、行车走路不看书，看电视要三米之外，养成做眼保健操习惯等。（6）运动卫生习惯，如每天保证一小时户外锻炼，剧烈运动前后要做准备活动和整理活动，活动后不立即大量饮水和吃冷饮，不用冷水冲头和洗澡，身体不适（如女生经期）不做剧烈活动，运动中要注意安全等。

班主任要根据学生特点，合理安排作息时间，让学生劳逸结合；培养学生良好的坐姿；定期对学生进行健康检查，建立学生健康档案卡；积极组织卫生宣传教育，教育学生养成良好的卫生习惯。

6. 班主任要提高体育修养

班主任要注意充实自己，不断丰富自己的体育、卫生知识，努力提高自己做好班级体育、卫生工作的技能。

五、技能教育 6 - 1

【教育内容】

开展班级体育的方法。

【教育目标】

1. 正确理解班级体育的作用，掌握班级体育的内容、原则和方法。

2. 正确运用班级体育的方法。

【教育程序】

1. 学习有关理论，正确组织班级体育活动。

2. 提供范例。

案例 6 - 1 - 1

班主任是班级的教育者和组织者，是学校领导进行教导工作的得力助手。班主任在现代体育教学中具有重要作用和影响，因此，班主任应针对学生身心特点，引导学生在体育活动中求得快乐，促进学生全面发展。

1. 教育作用

班主任起着承上启下的桥梁作用，对学生的影响很大，占有相当大的教育优势。班主任通过自身体育知识的学习，对学生也是一种侧面的教育。班主任除了通过体育知识来教育学生外，还可以从日常生活小事教育学生怎样处理好各种体育冲突。例如：有学生向班主任反映，班上男生准备与兄弟班打一架，教训他们一顿。这时班主任没有立即找学生对他们进行思想教育，而是明察暗访，先了解事情真相，找出症结。班主任了解到自己班的男生是因为打篮球输了，心里不服气。于是班主任就和学生一起训练，分析他们的不足，并请来体育老师进行指导，让他们在比赛中用实力证明自己。

2. 宣传作用

班主任应通过各种宣传手段，把自己的体育价值观念、行为观念、知识运动技能等在教育、组织管理、指导学生的过程中释放出来，使之作用到学生身上。班主任应利用课余时间对学生进行体育最新动向的宣传，这种宣传可以通过图片、体育教育片以及各种重大体育比赛的实况转播等，对学生产生强烈的视觉、听觉效果，从而使学生了解我国体育事业的基本情况，为其产生体育兴趣奠定基础。

3. 榜样作用

学生富有很强的模仿性，爱效法师长。班主任，特别是一位具有一定体育素养的班主任，如果他爱好体育锻炼，也要求学生跟他一样坚持锻炼身体，那么他班上的学生也会是体育锻炼积极分子。

班主任在体育活动中的榜样作用包括典范、示范、评优三个方面。学生的思想和行为还在逐渐形成，他们会因为对班主任的信服心理而把班主任视为典范。如果班主任爱好体育运动，那么学生往往也会多一点对体育的兴趣。班主任的言行、举止、仪态、作风都会对学生起着示范作用。同时，班主任也应及时表扬某位同学早起参加锻炼，或班主任自己经常锻炼，从而影响学生对体育运动的向往。①

3. 阅读案例，分析班主任对开展班级体育活动的认识和方法。

4. 根据班主任对开展班级体育活动的正确认识，结合班级实际情况，编制一个班级体育竞赛活动计划。

第二节　组织班级美育活动

美育是培养人对自然界、社会生活、文艺作品的审美观点和欣赏能力的教育，也是培养人对于美的爱好和创新能力的教育。它用现实生活中的美好事物和反映在艺术形象中的先进人物的思想感情和活动来感染学生，广泛而深入地影响学生的情感、思想、想象、意志和性格。它能丰富学校、班级的文化精神生活，激发学生的情绪体验，有助于培养高尚情操，提高道德水平，鼓励学生为实现自己的理想和创造一切美好的事物而奋发向上。

如果说，爱美是人的天性，那么，给学生以美的教育，则是教师神圣的职责。中小学班主任应担负起实施美育的任务。

一、班级美育的特点

美育与其他各育一样有其自身的特性，只有熟悉这些特性，通过美育活动的开展，才会收到应有的效果。

1. 形象性

美是通过具体可感的形象表现出来的。这些形象有声音形象、语言形象、实物形象、人物形象、艺术形象等。一切审美活动都是从直接感受美的形态开始的，美育必须借助具体形象才能进行。"形象在美的领域中占着统治地位。"班主任在美育的实施中必须紧紧把握这一特点，运用各种美的形

---

① 初探班主任在中小学体育教学活动中的作用［J］. 教育杂谈，2007（7）.

象（自然美、社会美、艺术美）去感染学生，发展学生多方面的审美能力。

2. 动情性

审美教育是一种以情动人的教育。它是以具体、形象、生动的美的事物感染学生，使学生产生喜悦的情感，这种情感是在他们感知美的对象时受到感染而引起的情绪共鸣。班主任有计划地组织学生游览祖国的名山大川、欣赏大自然的壮丽景色、阅读名著佳作、采访模范人物的动人事迹，能产生强烈的情感体验，这种情感体验具有潜移默化的教育作用，以情动人、以情育人，对学生将产生长远的影响，比之枯燥的说教有无法比拟的教育力量。

3. 愉悦性

"美感的主要特征是一种赏心悦目的快感。"美育不同于说理教育的显著特点是它既给人以快乐，又给人以教育，这叫"寓教于乐"。班主任组织美育活动，让学生感受具体、生动的形象，既能使他们在情感上感到愉快、舒畅，得到精神上的满足和享受，又能受到潜移默化的教育。对班集体进步学生的表扬、正确舆论的肯定都会使学生产生精神的愉悦，特别是引导他们参加健康的娱乐活动，不仅可以增进身心健康，而且可以使他们的精神享受得到理性满足和情感升华。

二、班级美育的任务

班主任常和学生交往，直接影响学生的思想意识、道德情操，具有进行美育的有利条件。不论是开展主题班会、班团队活动，或是进行日常管理，不论是组织学生开展综合实践活动，或是引导他们追求美好理想，都包含着丰富的美育因素。班主任只要明确美育的意义和宗旨，在班级工作的时时、处处都会发现审美的因素，发现美的内容和形式，以进行美的教育。它是审美因素寓于班级教育和班级管理之中的一种教育。它的主要任务是：

（1）培养学生正确的审美观点。审美观是人的世界观的组成部分，它与真理观、伦理观共同构成人们对世界的总的看法。真理观在于帮助人们分辨真假，伦理观在于帮助人们辨别善恶，而审美观在于帮助人们分辨美丑。不同历史时期、不同文化背景下的不同个人有着不同的审美观。青少年儿童虽然都爱美，但往往不能正确地鉴赏美和评价美，班主任要通过班级活动引导他们对客观现实和艺术作品进行正确的分析和评价，帮助他们分辨什么是美、什么是丑，什么是高尚、什么是低级，什么是文明、什么是野蛮，什么是进步、什么是退步或违法犯罪，使他们有鉴赏美的知识和评价美的能力。

（2）培养学生表达美和创造美的能力。对于青少年儿童来说，表达美和创造美主要表现在两个方面。一是美化生活及环境，如穿着整洁、举止端正、待人礼貌、谈吐文雅，表现个人美的面貌；打扫卫生，净化环境，美化校园，表现出学校美的精神风貌。二是培养艺术活动技能和艺术创作能力，使学生初步具有绘画、唱歌、舞蹈等各种艺术活动的基本技能和运用艺术形式创造性地表现现实的能力。

（3）引导学生积极促进个性的充分发展。美育渗透到人的个性发展的各个方面。首先，通过美育陶冶情操，帮助学生形成社会主义道德品质。因为"情"是道德品质形成的条件，也是道德品质形成的基本要素之一。自古以来人们都是把美与善联系在一起的，要用美的形象教育学生，使他们爱善恶丑，从善拒恶，养成高尚的品德和情操。其次，通过美育深化认识，促进学生智力发展。教育教学实践证明，美育不仅对深化认知有优越性，而且能促进智力的发展，让学生在对美的形象的感知和体验中，变得"耳聪目明"，记忆牢固，想象力增强，并用丰富的想象去创造新的美好事物。同时，体育是健和美的结合，体育运动中精湛的技巧与人体美、精神美是交相辉映的，美育能促进青少年学生朝健美的方向发展。由此可见，班级美育要渗透到全面发展教育的各个方面，以促进学生的个性得到全面、充分的发展。

三、班级美育的原则

班级美育要符合美育规律、遵循美育过程的基本要求才能取得好的效果。

（1）思想性与艺术性相统一的原则。艺术作品的艺术性是与审美价值相联系的，只有将积极的先进的思想渗透其中，使善与美密切结合，才能保证美育的正确方向。

（2）艺术内容与艺术形式相统一。艺术本身是其内容和形式的统一，艺术的表现方法、形式和技巧是为一定的艺术内容服务的，艺术内容也总是通过特定的形式，运用一定的方法、技巧才能表现出来。班级美育活动要将美育的艺术内容与艺术形式有机地结合。

（3）情感体验与逻辑思维的统一。审美活动过程就是情感与思维交互作用的过程，理解、分析、评判美的内容，都须运用逻辑思维。班级美育活动中班主任要重视将情感作用的形象思维与重视理性的逻辑思维结合，这样才能真正完成美育的重要任务。

（4）美育与实践活动相统一。美从生活中来，美育离不开学生的实践活动，同时也服务于学生的实践活动。学生的实践活动主要包括生活、学习、工作、锻炼及参与一些有意义的社会实践活动等，这些都应按照美育的要求去组织、去安排。

（5）美育与其他各育统一。德育、智育、体育固然不能取代美育，但美育作用的发挥既离不开其他各育的进行，又能促进其他各育的开展和质量的提高，只有各育并举、有机统一，才能按照美的规律培养社会主义现代化建设者和接班人。

（6）面向全体学生与因材施教相统一。面向全体学生是素质教育的基本要求，因材施教是面向全体学生的根本保证，美育与其他各育一样二者不可偏废。班级美育活动的开展要注意适合不同年龄学生身心发展的特征，要为青少年儿童所喜闻乐见，把提高全体学生的审美素质与造就具有艺术特长的人才完善地结合起来。

四、班级美育的内容和方法

美育的内容是十分丰富、广泛的。各科教学的内容本身就含有许多审美因素，是进行班级美育的重要内容和主要的渠道及方法。对于各科教学内容中的美育因素，科任教师要充分挖掘，并善于提醒学生，使之受到美的熏陶，激发美的情趣。同时，班级活动中也有丰富的美育内容，如生活美的影响、社会美的感受、劳动美的体验、自然美的陶冶、人际美的洗涤、艺术美的感染等。这些都是班级美育的重要内容。班主任要善于选择、组织和运用这些内容，有针对性地对学生进行审美教育。

1. 引导学生欣赏社会美

社会美是人类在建设社会的物质文明与精神文明中表现出来的。因此班主任要通过一定形式的班级活动让学生懂得：（1）社会美与社会实践密切相联，它来源、依存于社会实践，又表现于社会实践，离开社会实践就无所谓社会美了。如工人生产的精美的工艺品、农民种植的鲜美的农产品、艺术家创作的优美的作品，这些都是社会实践的结晶，是社会美的表现。同时，他们在社会实践中的敬业爱岗、忘我劳动、勇于创新、艰苦奋斗的精神风貌，也是社会美的表现。（2）社会美与社会功利性、伦理性直接相联。凡是有利于人类的进步、造福于社会的人和事都会受到人们的敬重和肯定，就被称之为美；凡是有碍于人类的进步，阻碍社会发展的人和事，就会受到人们的鄙视和否定，就被称之为丑。因此社会美多以内容为评判美丑的依据。（3）社会美的内容和形式是随着人类的社会实践活动而产生和不断变化的，它受社会制度、生活方式、社会生活、价值观念的制约，不同时代、不同社会、不同民族都会有不同的审美标准。

2. 引导学生感受人的美

人是社会实践的主体，是社会美的创造者。人的美是社会美的核心。人的美包括人体美、语言美、行为美和心灵美。心灵美是人的内在美，而人体美、语言美和行为美都是人的外在美。人体美又分形体美和姿态美，就其生理形态而言属于自然美的范畴，但后天的养成非常重要。通过班级活动组织形体练习，有益于学生保持美的体态。然而，用心灵美感染学生则是班级美育的主要内容，因为人的本质不在于外表形式，而在于他的理想、品德和智慧。对青少年学生来说，心灵美的具体要求是：（1）思想美。引导他们树立远大的理想和抱负，具有强烈的爱国主义和集体主义精神，具有勇于创新、奋力拼搏的顽强意志和自主创造、艰苦奋斗的作风，并能自觉抵制各种错误思想和腐朽颓废生活方式的影响。（2）品德美。要教育学生学会正确处理个人与国家、个人与集体、自己与他人的关系，要以国家、集体的利益为重，要先人后己，既要维护他人利益，又要学会保护自己。班主任在引导学生进行道德选择的过程中，要教育学生说话办事公正、实事求是、主持正义、坚持真理、不说谎话、不徇私舞弊。（3）情操美。培养学生高尚的情感，并使其成为人格和品行的重要因素，为实现美的理想提供保证。

语言美是指人的口头语言在内容、表达方式、语气和习惯用语等方面的美。它是人的美的一种外在表现。美的语言常常反映人的美的心灵。高尔基把语言称为"心灵的窗口"，人们从语言这个"窗口"可以洞察其精神世界。肮脏的语言往往显露出心灵里隐藏的污秽。语言是人们交流思想、交流情感的工具。在人际交往中，使用的语言美不美，直接影响到人际关系。美的语言有强大的感染力，它可以沟通思想、加深友谊、增强团结、形成和谐温暖的集体。而丑恶的语言却有可怕的破坏力，它常常是人际交往中发生冲突的导火线。语言的使用还关系到人的身心健康。生活在语言美的环境中，人们会有心情舒畅、精神愉快、精力集中的感受。相反，如果长期生活在语言恶浊的环境里，人们会感到心情压抑、烦躁、不安，这会引起生理失调损害健康，还会产生种种心理疾病。语言在一定程度上反映一个国家、一个民族的精神风貌和精神文明建设的水准。中华民族的语言，在世界语言之林中，向来享有崇高的声誉，是一种富有表现力的美好语言。在班级管理和教育中，在培养学生良好的思想品德的同时，要重视学生的语言修养，使他们正确使用优美的语言。（1）言之有理，说话要讲道理，实事求是，客观地反映事实，合乎事理，以理服人。不能信口开河、歪曲事实、蛮不讲理或强词夺理。（2）言之有物，说话要有具体内容，不说言之无物的空话、哗众取宠的大话、言不及义的废话。（3）言之有礼，说话要和气、文雅、谦逊。心平气和是态度诚恳、热情的标志，不能用冷淡、嘲讽、傲慢的语调；彬彬有礼，使用文明语言，不说粗话、脏话；说话时要尊重他人，态度和蔼，多用商量的口吻说话，不盛气凌人，不装腔作势。（4）言之有情，说话要以情感人，不要恶语伤人。以上是语言美的四个要素，必须使学生掌握之。语言美是心灵美的自然流露，要使学生掌握并做到语言美，班主任首先得对他们加强思想品德教育，以提高他们的品德修养。其次要从小抓起，培养他们的文明礼貌习惯，如从小学会使用礼貌语言，会用"您""请""谢谢""对不起""再见""没关系"等，点点滴滴、长期培养，定有实效。

行为美是人在社会生活中行动、举止的美。它是人的美的另一种外在表现，是心灵美的外化，也是精神文明、道德高尚的标志。人的任何行为都是受心灵支配的，行为美的人，他的心灵一定是美的。行为美有崇高行为和平凡行为之分。所谓崇高行为，是对社会历史有巨大作用或贡献的行为，如革命烈士的宁死不屈、视死如归。不是所有的平凡行为都是美好的行为，只有那些与善连在一起的行为才是美的行为，如助人为乐、尊老爱幼、信守诺言、诚实无欺等。对中小学生来说，行为美的具体要求是：做一个有益于社会的人，做到勤劳、友爱、守纪，不损害集体利益，不破坏公物，不危害社会秩序。

3. 引导学生体验劳动美

劳动美是按照美的规律去塑造产品。它包括劳动过程的美、劳动成果的美和劳动条件的美。在劳动过程中充分发挥其聪明才智，创作出或制作出新的产品，这是创造之美；劳动成果实用、美观，既有功效价值，又有审美价值，这是物质之美。现代劳动条件，不仅要求科学、合理，而且要求符合美的原理，劳动者在这种环境中，不仅能消除紧张和疲劳、提高劳动生产率，而且还感到心情愉快，受到美的陶冶。学生的主要劳动是学习，班主任不仅要组织学生通过参观访问活动，使学生间接感受劳动成果的美，引导学生参加一些力所能及的生产劳动，体验劳动过程的感受，获得劳动成果的美的感受，而且要着力关心他们的学习，帮助他们体验学习过程和学习中获得好的成绩后的喜悦，组织学习经验交流、成绩展览等活动，引导他们感受学习劳动的美。同时还可以组织他们参加学校、社会的公益劳动，去感受公益劳动的美。

4. 指导学生追求人际关系美的高境界

人际关系美是社会美的重要内容之一，它是在人们的社会实践中结成的一定的社会关系。人际关系状态是人们思想修养和文明程度的标志。人际关系美实际上是一个人心灵美、行为美在人际交往中的反映。一个有理想、道德高尚的人，在同志关系上表现出热情、友好、诚恳、宽容等良好的精神风貌。有的人拉拉扯扯，搞关系，开后门，这是不正之风在人际关系上的反映。人际关系美的内在表现为良好的思想道德状态，如热情友好、助人为乐、宽以待人、严于律己、光明磊落、胸怀坦荡、坚持原则、刚正不阿、见义勇为、尊重同志、珍惜友谊、谦逊诚恳等。丑恶的内在表现如冷酷无情、损人利己、文过饰非、嫉贤妒能、唯我独尊、傲慢虚伪等。人际关系美的外在表现为语言文明、和蔼可亲、彬彬有礼、落落大方等。反之，则出口成"脏"、语言污秽、态度粗暴、蛮横无理等。在改革开放的社会环境中，人际交往更加频繁，班主任班级教育中要指导学生学习和追求人际关系美的高境界。

5. 具体指导学生的艺术欣赏

艺术美是作家通过典型形象反映客观现实的一种观念形态的美。它是班级教育中用以进行思想品德教育的重要内容。它与社会美和自然美相比较有着显著的特征：（1）典型性。它是作者根据自己的审美观对现实的自然形态的美进行概括和加工的结果，比现实中的美更集中、更典型，也比实际生活更高、更强烈、更理想、更带普遍性。（2）更具形象性。艺术美本质上是艺术形象的美，它通过活生生的人物刻画、具体场景的细致描写，使欣赏者如见其人，如临其境。（3）强烈的情感性。具体生动的形象中包含着鲜明的审美情感，情感性是艺术美的生命所在。但这种情感性必须是积极的、进步的。所以，艺术美必须以善为前提。（4）独特的创造性。艺术形象是作者根据自己的独特感受，凭借审美想象创造出来的，也是前所未有的形象，否则称不上艺术作品。班级教育中，以艺术美去陶冶学生的情操是用得最为广泛也是最有效的。指导学生读一部好的小说，唱一首积极向上、情绪高昂的歌曲，看一部优美的电视、电影，不仅能加深学生对社会生活的认识，更能潜移默化地影响学生的思想情感，激发他们热爱生活。

6. 引导学生欣赏自然美

自然美是指自然事物的美。自然美分为两种类型：一种是未经任何加工改造而存在的自然美。如，灿烂的阳光，妩媚的明月，浩瀚的星空，是天体的美；春风徐徐，夏雨潇潇，秋霜重重，冬雪飘飘，四季变换，是气候的美；参天古木，茫茫林海，奇花异草，是植物界的美；鹰击长空，鱼翔浅底，是动物界的美；奔腾的大江，深邃的海洋，连绵的群山，是无生物界的美等等。另一种是经过人加工改造过的人文化的自然美。如，平坦的公路，绿色的草坪，金色的麦浪，高峡的平湖，拦洪的大坝，优美的园林等等。这些都能给人以美的享受和启示。

自然美有与社会美和艺术美不同的特征：（1）物质形式的客观性。自然美不是由审美主体创造出来的，而是客观的物质存在的形态给人以美感。（2）美的属性的多面性。由于自然物的属性和特点是多方面的，也由于人们的审美观不同，人们以不同角度去感受美，有的感受形态美，有的感受动态美，有的感受色彩美，有的感受性能之美。（3）感性特征的具体性。自然美是自然形式的美占有突出的地位，如自然物的线条、色彩、形态、音响及结构上的整齐一律、均衡对称、对比和谐等，以具体的形态给人以美的感受。因此班主任利用自然美陶冶学生性格和情操、激发爱国热情、丰富精神生活，必须组织他们到大自然的环境中去，指导他们欣赏大自然的美景。其具体做法有：春季郊游踏青，盛夏嬉水，中秋赏月，重阳登高，隆冬观雪，暑假远足，等等。

五、技能教育 6－2

【**教育内容**】

以不同的形式合理安排班级美育活动。

【**教育目标**】

1. 了解熟悉班级美育的特点、任务和原则。

2. 掌握班级美育的主要内容和方法。

3. 能根据班级学生的实际设计各种班级美育活动。

4. 能在班级美育活动中正确指导学生感受和欣赏美，以正确的审美观评价美。

【**教育程序**】

1. 学习有关理论，掌握组织班级美育活动的基本方法。

2. 提供范例。

案例 6－2－1

美育，即培养学生发现美、认识美、创造美的能力教育。

最近各大媒体都在向别人传递一种信息，寻找最美者。"最美教师""最美医生"等等，太多的最美在我们耳畔呼喊，人人都渴望生在一个最美的时代。为此，本班通过组织"寻找身边最美"系列活动，让学生体会身边"美"无处不在，特别是以"人格之美"来培养学生认识美、欣赏美和创造美的能力，从美中吸收正能量，形成正确的价值观。

一个怕盆冻坏的小女孩

三年级下学期，冬天的天气十分寒冷。中午在这吃饭的同学，老师会摆上两个盆倒上温水让他们洗手。洗手的时候大家都很积极，但是洗完之后甩手就会冲进班内去拿碗吃饭，只有她一个瘦弱的小姑娘，会等到最后把盆里的水倒掉，然后再拿进教室。给她舀菜的时候她基本都是最后几个，开始的时候并没有注意，时间长了自然就看在眼里，私下问她为什么，她很认真地说，如果不拿进教室，盆里面有水就容易冻裂。听完她的话，我感动异常。如此有心的不只此事一件，有时候吃饭排队拿碗基本都是你推我挤，只顾自己拿一个，很少会有帮忙递一下的。但是每次只要她站在那里，不管多少人要她帮忙，她肯定会伸手递过去。她总是用不经意的动作来诠释内心的至美。太多这样的小例子，让我觉得这个瘦弱的小女孩如此高大！毕竟是孩子，有时候委屈也会在脸上蔓延，因为自己的不小心会被"小气的孩子抱怨"或是告状。但是只要给她分析一下这里面的小道理，总会开口一笑说道："老师，我知道。"一笑所有的事情都烟消云散，就是这样一个小姑娘成为班长，用自己的行动告诉同学们怎样做才是美的。心中有美才能扬美于人，只有同学身边这种现实的案例，才能让学生看得见学得着，在她的带领下，老师会利用班会把以她为代表的同学告诉大家，老师看见的学生肯定也看见了。只是受宠习惯的他们会对这些美行视若无睹。通过开展"寻找身边之美"可以让学生提高发现美的能力，提高自己的审美观念。用人格之美传递最温暖的光辉，用实际行动将美传递到生活的各个角落。①

3. 分析案例，讨论以下问题：
班主任应如何指导学生在这些活动中得到美的感受？

4. 根据本班的实际情况，提出一个进行班级美育的设想或制订一个开展某项具体美育活动的计划。

---

① 参见 http://www.docin.conm/p‑702645273.html.

第七章　中小学生心理问题及其矫治

随着社会的发展、科学的进步，人们对自身的健康水平有了新的认识。一个人的健康水平既包括生理健康，也包括心理健康。青少年儿童时期是人的身心健康发展的关键期。作为一名教师，尤其是班主任，必须充分重视学生的身心健康。联合国世界卫生组织 1989 年提出：健康应是生理、心理、社会适应以及道德方面的最佳状态。《中共中央关于进一步加强和改善学校德育工作的若干意见》要求："通过多种方式对不同年龄层次的学生进行心理健康教育和指导，帮助学生提高心理素质，健全人格，增强承受挫折、适应环境的能力。"目前，我国青少年儿童的心理健康状态不容乐观。大量事实证明，中学生心理健康问题不少，小学生的心理问题也应重视，班主任对学生的心理健康状况应特别给予关注。

第一节　学生心理健康的标准

班主任培养学生良好的心理品质，使学生保持良好的心态，首先应知道如何判别学生是否存在心理问题或行为异常。这种判别就必须掌握心理健康的标准。因为有了标准才能对中小学生的心理问题进行诊断，才能有针对性地矫治他们的心理及行为方面的问题。

矫治学生的心理及行为问题，其目的是为了保护和促进学生的心理健康。但关于什么是心理健康，在心理卫生界仍无定论。这是因为人们的心理活动是一种非常复杂的现象，是心理异常还是正常很难确定一个精确的标准。同时即使有了标准，由于判别者受判别者主客观环境、心理状态等因素的影响，也很难作出标准的判断。因此，心理学家们的研究认为学生心理健康主要是对其整个心理活动中相对稳定、相互协调、充分发展并与客观环境相适应的那一部分加以衡量。

一、心理健康学生所具备的特征

1. 智力发展正常，反应适度

智力发展正常是中小学生正常的生活和学习的基本心理条件。智力发展正常的人，其观察力、记忆力、想象力、思考力、注意力及动手操作的能力等均表现出与同龄人相当的水平。这样的学生有学习的自觉性，能不断追求新的学习目标；能正确认识现实社会，基本适应学校生活和周围环境，并能作出良好反应。

2. 了解自我，接纳自我

心理健康的学生对自己有足够的了解、较客观的评价。即对自己的生理特征、健康状况、智力水平、兴趣、能力、情感、气质、性格甚至自己的优缺点都能作出恰当的、客观的评价，因而对自己不会提出苛刻的期望和要求，对自己的生活目标和理想也会定得切合实际，对自己总是满意的，充满着自信，努力发展着自身的潜能，即使面对自己无法补救的缺陷，也能正确对待。相反，一个心理不健康的人则缺乏自知之明，总是对自己不满意，往往由于自定目标和理想不切实际、主客观的距离相差太远而总是自责、自怨、自卑，由于要求自己十全十美而又达不到，结果造成心理失衡。

3. 情绪稳定，性格开朗

情绪是人的心理是否健康的"晴雨表"。一个人的情绪往往反映出其中枢神经系统活动的现状，影响其生活活动及学习和生活的质量。一个心理健康的学生，能承受欢乐和忧伤的情感体验，并理智地作出相应的反应，愉快、乐观、开朗、满意等积极情绪状态总是占优势。虽然有时也有悲、忧、愁、怒等消极情绪的出现，但不会长久。同时还能适度地表达和控制自己的情绪，喜而不狂、忧而不绝、胜而不骄、败而不馁、谦而不卑、自尊自重，在社会交往中不卑不亢。心境保持乐观、豁达。

4. 乐于交往，接纳他人

人的交往体现在认知、情感和行为三个方面。认知表现为相互认识和理解的程度，是人际关系的基础；情感表现为彼此间融洽的状况，是人际联系的纽带；行为表现在各种活动中彼此是否协调一致，是人际交往的结果。学生不仅能接受自我，而且也能接受他人，悦纳他人，能认可他人存在的重要性和作用，同时也能为他人所理解，为他人和集体所接受，能与他人相互沟通和交往，人际关系协调和谐，敬老尊贤、团结同学、自尊自爱。与集体能融为一体，与挚友共享欢乐，独处之时也无孤独感。与人相处多有积极的态度，表现为尊重、信任、诚恳、善良等；抑制、克服消极的情绪，如仇恨、嫉妒、虚伪、猜疑、畏惧等。在社会生活中有较强的适应能力和较充足的安全感，能积极主动地适应社会环境。相反，一个心理不健康的学生，则总是游离于集体之外，孤僻，与周围的同学格格不入。

5. 认识现实，适应社会

心理健康的学生能够面对现实，接受现实。他们对周围的事物能有客观的认识，作出客观的评价，与现实环境保持良好的接触。正视现实，而不逃避现实。同时对适应现实、改造现实有充分的信心，对生活和学习中的各种困难和挑战都能妥善处理。而心理不健康的学生不敢面对现实，没有勇气去接受现实的挑战，往往是抱怨或责备社会环境对自己的不公而怨天尤人，因而无法适应社会现实环境。

6. 人格完整，协调发展

人格完整是指人格结构没有大的缺陷，包括气质、性格、能力、兴趣、动机、理想、信念等各方面能平衡发展，协调统一。如，思考问题适中、合理；待人接物恰当、灵活；对外界刺激不会有过激的情绪反应等。

如果一个学生在由以上各方面所构建的整体精神面貌上具有那些特征，那么我们可以判别为他（她）的心理是健康的。但我们也不能认为由于个体的差异性在某一点上可能有偏离现象就断定他（她）心理不健康。特别是对迅速发展中的中小学生，只要他（她）大部分特征表现正常，不因为某方面的发展不完善而严重影响他（她）的正常生活和学习，我们仍应将其视为心理健康者。

二、技能教育 7 - 1

【教育内容】

掌握学生心理健康的特征并用于对学生心理状况的诊断。

【教育目标】

1. 明确诊断学生心理是否健康的意义。

2. 分析事例并正确诊断学生心理是否健康。

3. 通过事例对学生进行心理诊断，更好地掌握学生心理健康的主要特征。

【教育程序】

1. 学习有关理论，掌握学生心理健康的基本标准。

2. 提供范例。

案例 7 - 1 - 1

　　王××，男，10 岁，小学四年级学生，独子。父母均为农民，大专文化，家庭基本和睦，无老人同住。他在学校经常与同学发生争执，而且时有动手现象发生，因此同学关系紧张，很少参加团体性活动，显得不合群。与老师很疏远，见到老师不会主动打招呼，并且对老师的批评感到反感，会在课堂上与老师争执。回到家中，与父母话很少，并且爱发脾气，不允许他人摸他的头，即使是亲戚们宠爱的表现，也会生气。因为经常怄气，所以上课注意力不集中，对不喜欢的老师，更不要听课。作业不会，也不会问老师或父母，也不愿意父母管他的功课。因此，学习成绩不断下降。①

案例 7 - 1 - 2

　　初一某个班级，老师让很有艺术特长的文艺委员组织几个学生办一期学习园地，希望他们可以发挥各自的特长，但是这个任务迟迟没有完成。老师又重新指定另外的学生去办。这几个学生办得很认真，美术设计、版面布局美观合理，文字内容也很充实，得到了老师的肯定。可是一周以后，班里的同学却闹起了矛盾，导火索就是因为办这个学习园地。第一帮同学极力批驳园地办得不怎么样，反反复复地挑毛病，找不足。第二帮同学说：老师都肯定了我们园地办得好，就算是不好，也比你们办不起来要强。第一帮同学不服气，说你们办了个学习园地就觉得自己很了不起，简直就是个"大烧包"。两帮同学先是互不理睬，接着发展到指责和对抗。②

---

①　华夏心理咨询师. 小学生心理健康案例分析 4 则 [J]. 华夏心理，2011 (8).

②　赵兴. 由案例看中学生存在的不健康心理 [J]. 宁夏教育，2007 (3).

3. 认真阅读上述两例，运用学生心理健康标准加以分析。

4. 将自己分析诊断的结果自由组织讨论。

5. 通过充分讨论，确诊上述两例学生心理是否健康，并叙述其依据。

第二节　学生心理问题诊断及治疗

一、学生心理问题诊断的意义

心理诊断就是依据一定标准和特定方式对人的心理问题进行归类。班主任学习心理诊断是为了有效地对学生进行心理教育和治疗，因为正确的心理诊断是有效心理教育和治疗的依据。人的异常行为是多种多样的。不同的行为有完全不同的原因，因此其治疗方法也就各不相同。只有通过诊断，将一个人的行为划分到一个特定的类别中去，然后才能使用与这个特定的行为类别一致的方法进行治疗，这样才会有好的治疗效果。同时，诊断价值的另一个方面在于分析问题的原因。医学治疗的诊断本身包括对原因的分析，由于原因的不同，即使症状完全一样，其治疗的方式也是不同的。如一个学生犯了过错，来到老师的面前说他当时很烦躁而为之，老师得首先通过诊断寻找原因，因为同一心理表现有完全不同的原因。父母不爱可以烦躁，而爱得过分也会引起烦躁；没评为优秀会产生烦躁，评为优秀也会出现烦躁；没考好产生烦躁，考得好也可能会引起烦躁等。原因不同，对待的方法则完全不一样。

二、学生几种常见的心理问题及其治疗

上节讨论的是学生是否存在心理问题或异常行为，这部分我们将讨论中小学生常见的一些心理问题及如何教育（治疗）的问题。

（一）智力发展障碍与教育

智力发展障碍又称智力落后，也称智力发育不全。在心理学上，它是指智力明显低于同龄正常儿童。学生的行为都与智力有关。对学生智力的了解，有利于班主任进行有针对性的教育。在教育过程中，学生成绩不良往往认为与智力发展水平有关。其实，这是一种误解。在测验中会发现，

这有两种情况：一是个别学生因智力偏低影响正常学习，对这种学生当然应采取特殊方式进行教育，以免因成绩不良影响到他（她）以后的工作和生活。二是多数成绩不良者与智力发展水平没有关系，而是因个性原因、家庭原因或学校教育方式的原因影响着学生的学习，这就要有针对性地进行教育，设法消除某种因素的影响。

如何诊断学生的智力是否落后，人们一般采用测定的手段。美国心理学家韦克斯勒研制了一种量表，简称韦氏量表，它包括言语和操作两个分量表，它们又各包括六个分量表。在测验中通过对这些部分的得分与同年龄组正常人的智力平均数相比，从而确定智商，其具体计算方法是：

$$IQ = 15Z + 100 \qquad 其中\ Z = \frac{X - \overline{X}}{S}$$

式中 Z 为标准分数，X 为个体的测验分数，$\overline{X}$ 代表团体的平均分数，S 是团体分数的标准差。根据个人的测验分数以及同年龄组的平均分数和标准差，就可以计算出他的智商。根据智商的高低可以把智力落后分为极度落后（低于20）、严重落后（20～35）、中度落后（35～51）和轻度落后（52～69）几种情况。不同程度的智力落后表现出不同的适应行为。

对不同程度的智力落后者应采取不同的教育方式。中度以下智力落后者，有的是智力发展缓慢，但能学会照料自己的生活；有的有明显的身体缺陷，生活难以自理；有的运动和语言发展明显落后，也要依赖于别人生活。对于这些人我们应通通视为是"可训练的"，要从衣、食、住、行及简单的言语和社会交往上进行教育和训练，使他们具备生活自理能力，尽可能做到能在他人庇护的环境中独立生活和从事简单的工作。这是通过特殊教育的方式来完成的。中小学教育中有轻度智力落后者，这种学生是"可教育的"，他们的智力发展缓慢，但能接受一定程度的教育，应把其放在正常班与同年龄儿童一起参加常规的学校活动，让他们有更多机会与人接触，学习各种活动，学习基础知识，培养其基本的学习技能，学会阅读、听讲、计算、书写、举手提问等，还可以学些职业技能，目的在于为他们今后的独立生活创造条件。

值得注意的是，对学生智力落后的诊断不能只靠一次测验完成。对于低于70分的智力商数，要经过反复测验和观察，其结果保持恒定，说明这个学生可能是智力落后。但测试者也不宜急于下结论，要通过反复的测验、仔细的观察，确定其结果是没有个性和情绪的影响后，才能作出智力落后的诊断。对于智商在 70 分以上者，均应视为智力发展正常。即使在某方面的测试分数低于平均水平，也只能说明学生在某方面存在不足，应有针对性地进行教育，不能有任何的歧视，要给他们享有接受公平教育的权利。

（二）学习障碍与教育

学习障碍是近数十年才受到广泛重视的常见于儿童的问题。它又称"特殊性学习障碍"，指的是由于某种或几种与理解和使用语言、文字有关的神经心理功能障碍，以致听、读、说、写和算的能力降低，表现为学习成绩不佳，但患儿的一般智力正常或近似正常水平。因此，对学习障碍诊断必须考虑五条：①学习成绩较应有水平相差一年左右；②没有如高度近视、失聪或瘫痪等外周性感知觉或运动方面的缺陷导致学习成绩不好；③没有如精神分裂症等其他精神疾患导致学习不好；④智商高于 70，不是因智力落后而导致学习不佳；⑤与其他儿童有同等的学习机会，没有被剥夺与其他儿童同等的学习权利。依据上述情况诊断学习障碍，具有下列表现特征者可视为心理功能障碍。

（1）感知觉障碍。它包括三种情况：一是视觉-空间障碍。这类患儿，一般视力检查正常，但不能在某种背景上识别字或图形，不能鉴别字是否反转或倒转，如对"上"与"下""6"与"9"的分辨感到困难；有的不能正确区别笔画的长短和多少，如对"田"与"甲""斤"与"斥"辨别困难；有的空间定向能力差，分不清左右。二是听功能障碍。这类患儿听力检查正常，但听觉辨别能力差，如不能区别近似的声母或韵母，把"兵"听成"拼"。有这类缺陷的儿童，由于声音的混合、声音的记忆和声音的分辨问题而导致阅读障碍。三是知觉转换障碍。学习过程与知觉转换有关，如听写就需要将听觉刺激转换为视觉形象，阅读也不仅是看、听的过程，还要能理解所说的内容。有这类障碍的儿童，能模仿成人背古诗，但不算真正学会了。

（2）精细运动障碍。这类儿童表现出写字和绘画的能力差，共济运动笨拙，精细动作不良。他（她）可以有出色的体育成绩，甚至是优秀运动员，但扣不好纽扣，系不好鞋带，用不好剪刀。

（3）语言发育障碍。语言发育迟缓的儿童对学习感到困难，如把听见或看到的词遗漏或替换，语法和句法产生混乱，不能顺利用语言与人交往，不能获得通常的阅读能力，不能正确地进行运算。当然这类障碍也有不是语言发育缓慢，而是发音的缺陷所致。

（4）情绪障碍。有些有学习障碍的儿童，伴有情绪障碍，不良情绪表现为两个极端，如易冲动、好攻击，孤僻、不合群等。情绪障碍与学习障碍二者也可以形成恶性循环，相互影响。但相当多有学习障碍的学生并无情绪障碍。

（5）多动性行为障碍。多动症患儿，由于注意力不集中，小动作多，影响学习成绩。但不是所有有学习障碍的儿童都伴有多动症，也不是所有有多动症的儿童都会有学习障碍。二者可能单独存在，也可能同时并存，应注意二者的相互影响。

（6）社会适应障碍。有的学生常常对社会人际关系发生错误理解，对社会交往采取回避态度，难于与人交往，因为人际关系不好而造成学习障碍。

此外，还有综合协调功能障碍。由于上述各种心理功能失调而造成障碍，以及其他神经心理发育障碍的儿童，即使智商正常，也可能出现学习障碍。

对有学习障碍的学生，学校和教师都不能因为他们的学习成绩差而摒弃他们、歧视他们，应给他们与同班儿童同样享受教育的权利。首先，应给他们更多的关爱，了解他们学习上的种种困难，在个别辅导和训练中培养他们的自信心，切不能讽刺、捉弄以致使他们失去学习的信心。同时，针对不同情况加强个别辅导和训练。他们学习成绩落后，要通过个别辅导，使他们赶上班上的同学，以免问题愈积愈多，后来无法纠正。对学习语文有困难的可以重复讲解，帮助慢慢理解，完成一些指定的口头和书面练习；对理解数量关系较慢的，可以通过生活经验和操作运算逐渐理解，把具体事物与计算相结合，引导他们对生活周围的事物加以比较，找出异同，帮助提高分析、概括能力；对于视觉空间障碍者，教师可用类似的图形让其识别或临摹，由简到繁地进行训练；对于听觉分辨有困难者，也可以由简到繁地进行音调、节律的训练；对于语言表达困难者，可由单词到短句、再到长句逐步进行训练；对于精细运动笨拙者，也应给予由简到繁的运动技能训练。总之，教师要采用灵活多样的教学方法，激发他们的学习动机，培养他们的学习兴趣，树立克服自身缺陷的信心，在充分肯定他们的进步中鼓励他们不断提高学习成绩。

（三）品行障碍

学生的品行问题不仅仅是伦理学家、教育家研究的问题，由于它是在一定的心理基础上形成的，而且严格地说学生的某些行为确实属于心理问题，因此我们也应把某些品行问题作为心理问题来诊断。据研究，中小学生特别是小学生比较常见的品行障碍主要有以下几种：

（1）攻击性行为。在心理学里，一般将能引起别人对立和争斗的行为称为攻击性行为。攻击性行为的主要表现特征是：①言语较多，喜欢与人争执，有时还讲粗话、骂人；②情绪不稳定，脾气暴躁，喜欢生气，稍不如意就哭闹、叫喊、扔东西；③易冲动，自控力差，经常向同伴发起身体攻击，打人、踢人、咬人、推人，惹是生非，恐吓、欺负同龄或比他小的同学。学生攻击性行为的出现，有遗传的原因，经专家研究他们的大人可能存在某种微小基因缺陷；有心理原因，患多动症的儿童冲动任性、自控力差；有教育的原因，家长对孩子纵容、袒护；也有的是模仿所致，从成人、同学、电视中模仿学习而来。班主任首先要了解学生产生攻击性行为的具体原因，有针对性地进行教育。

学生的攻击性行为不仅影响到他人的学习和生活，而且会影响到自己一生的发展，必须予以矫治。根据学生产生攻击性行为的不同原因采用不同的矫治方式。一般有：①控制环境影响。要求家长树立良好的榜样，帮助孩子共同分析影片和有关社会现象，增强辨别是非的能力等。②暂停法。当学生攻击性行为发生的时候，安置他单独思过（关禁闭），让他明白是因攻击性行为被隔离的。但不能当众做，以免挫伤其自尊心。这种方式对年龄较小或偶尔出现攻击性行为的学生也不宜使用。③正强化法。学生虽有攻击性行为，但教师和家长对孩子其他的积极行为仍应及时鼓励表扬，以正强化消除攻击性行为。如果能将暂停法与正强化技术结合使用产生的效果将会更好。④纠正错误的教育方法。要求家长对孩子不能纵容、偏袒，正确对待孩子的欺负行为，一旦出现这种行为，要说服其赔礼道歉，甚至登门看望、赔罪。教师一旦发现学生的攻击性行为，应在调查清楚情况后作出公正判决，不能听之任之。此外，还可以用减少糖摄入量、在医生指导下服用镇静剂，使孩子的攻击性行为暂时性地得到控制。

（2）说谎。说谎指的是学生有意或无意地讲假话，这也是常见的学生行为问题。年幼的孩子，十分富于幻想，为了满足自己幻想中的某些欲望，常将幻想和现实掺和在一起而出现说谎。随着年龄的增长和认知水平的提高，这种无意说谎会逐渐减少。但有些学生由于环境的影响或教养的因素，故意编造谎言，这就是品行问题了。

学生编造谎言的原因很多，一般为心理和社会的因素，概括起来主要是：①讲了实话会受到惩罚；②说谎可免做自己不想做的事情；③虚荣，夸耀自己优于别人；④害怕承认错误。对说谎孩子的教育应根据不同的原因采用不同的方式。首先是说服父母懂得说谎是一种不良行为，自己应以身作则，克服说谎行为，更不能教孩子说谎，或者对孩子的说谎行为视而不见、听而不闻，不加任何批评。其次，发现了孩子说谎的行为，家长和教师不能简单地给予批评指责，要了解他为什么要说谎，然后给予耐心解释，帮助他认识不说真话将带来的危害。其三，若在家长和教师的帮助下孩子认识到说谎的毛病有损于个人和集体而产生心理压力时，应鼓励他努力改正，仍给予充分的信任，并及时表扬奖励，增强他改正缺点的信心。其四，教育孩子正确对待自己的能力和荣誉，鼓励孩子以自己的实际行动做些有意义的事和创造出好的成绩，让他享受成功的快乐和别人的赞誉，绝对不能虚伪地夸耀自己。总之，孩子说谎应引起家长和教师的重视，否则长大后很难纠正。

（3）偷窃。当孩子自我意识尚未形成，分不清"你的""我的""自己的""别人的"的时候，拿别人的东西不应视为偷窃。但随着孩子年龄的增长，自我意识增强，家长和教师要及时关注孩子的行为，不要让他（她）有拿不属于自己的东西（别人的或集体、国家的）而产生占有又能方便自己的体验，应使他（她）认识到拿别人的或公家的东西归己有就是"偷窃"，这是一种不道德的行为，培养他们的良好习惯。

引起学生偷窃行为的发生，主要是心理的原因，有的是一种需要，不论需要是否正当；有的是作为自我吹嘘的手段，觉得这是"聪明""有本事"，把东西送给别人显示对朋友的"豪情"；有的是为取得别人的注意，他们在家里或学校没有得到足够的情感关注，把偷的东西送给朋友换取其情感；也有的是一种不公平感的结果，是他们对自己所受到不公平的待遇进行反抗的表现。

对有偷窃行为的学生的教育既要严厉，又要耐心，一旦发现这种行为，要给予严厉谴责，使他（她）再不会有类似的事情发生。但事情不会那么简单，对有这种行为的学生的教育工作要耐心细致。首先要了解他（她）为什么要拿别人的东西，针对不同的情况进行教育，如教育他（她）懂得任何一个人不可能得到自己所希望的一切东西，更多地给予热情的关怀，尽量避免孩子产生不公平感等。

（4）破坏性行为。破坏性行为是指学生故意损坏家中或别人的或公共的东西的不良行为。出现这种行为的原因很多，有的是出于好奇，表面上看来是破坏性的，但实质上是在探求秘密，研究问题；有的是因年龄小，尚未形成爱护别人和公家东西的社会态度，感到有趣、好玩；有的是由敌对情绪引起的报复或为了发泄愤怒和不满情绪；也有的是为了炫耀自己"能干"而弄出的恶作剧。教师和家长发现学生的破坏性行为时不要不分青红皂白地严厉批评和惩罚，首先要找出产生这种行为的根源。属于好奇所致，就要正确引导；是为了发泄情绪，就要设法平息，或为其创设情境，使他（她）的情绪通过正当的途径发泄出来。家长和教师要多引导孩子做些建设性的好事，让他（她）体验受赞扬而产生的愉快和幸福，从而对野蛮破坏行为产生厌恶和唾弃。

（5）对抗性行为。对抗性行为是指在某种特定条件下，由于某人的言行跟当事人的主观愿望相反而产生的与常态相对的逆向反应。它最突出的表现是大家都积极倡导的东西，他却偏偏很冷漠，而大家都反对的东西，他则积极地支持。这种行为的出现，会在家长或教师间筑起一道厚厚的"心墙"，影响他自己的学习和生活，因为得不到成年人的帮助和指导影响健康成长。

学生对抗性行为的产生一般是由三个方面的原因引起的：一是家长和教师提出过多过高的要求或强迫命令，限制了孩子的行动；二是教育的方法不当，或空洞说教，或野蛮行事；三是随着学生年龄的增长，独立性越来越强，对父母和教师的"唠唠叨叨""指手画脚"产生反感。教师要针对学生不同的情况产生的对抗行为采取不同的方式进行教育。特别应注意的是教师和家长都应与孩子平等相处，给孩子营造一种民主的氛围，有意识地让孩子当自己的助手和参谋，共商有关事务，给予充分的信任。对他们提出的要求要切合实际、逐步提高，并尽量变成他们自己的需要，给予及时的鼓励和支持。

（四）行为障碍

学生的行为是否正常是一个复杂的问题。因为学生的行为必须与年龄相称，必须与一定的社会文化背景相符合，多大的年龄多长的时间内可视为某种行为正常或异常，都应作具体分析研究。正常行为学生的认知、情绪、人际关系都必须适应环境，其适应能力随年龄的增长而逐渐成熟。中小学生在发育过程中比较常见的异常行为有：

（1）离家出走。学生离家出走的危害性极大，不仅睡眠饮食得不到保障，生活没有规律，远离亲人易产生孤独感和恐惧感，而且还会因为缺乏分辨是非能力而染上抽烟、说谎甚至偷窃等恶习，如果被人贩子拐卖更会使身心受到极大的摧残。学生离家出走的原因很多，但主要是承受不了某种压力，或出于某种幻想，去"闯荡江湖"，或娇惯任性，负气而出走等。

如何对待离家出走的学生，是值得家长与教师共同讨论的问题。首先，家长和教师要放下架子，与孩子平等相处，推心置腹地交谈，使其缓解、消除烦恼。其次，鼓励孩子交同龄朋友，经常与同龄朋友交谈心里话可以消除烦恼。再次，家长和教师还可以给孩子倾诉的机会，或告诉他（她）心理咨询电话。特别值得注意的是当出走的孩子被找回家后，父母既不能打骂，也不能不闻不问，否则都会出现再次出走的结果。

（2）逃学。逃学是一种典型的行为障碍，它反映出学生存在的心理问题。孩子逃学的原因是多种多样的，但大多是出于学习上的压力大，或是由于教育方法不正确而感到恐惧才走上逃学之路的，也有个别是社会上不良分子的勾引和教唆或好玩而逃学的。显然，对待这样的孩子，采取"棍棒"的方式是不可能解决问题的。教师要多给成绩不好或不爱学习的孩子关心和爱护，培养他们的学习兴趣，帮助他们克服学习上的困难，树立他们的自信心，并说服家长改变教育方式，对孩子要从实际出发，不要求全责备，在学习上不能施加太大的压力。家长也要以身作则，形成爱学的家庭风气。家长切忌简单粗暴地动用"武力"损伤他们的自尊心。

（3）退缩行为。在一个班的学生中，总有几个与他人相处时表现胆小、害怕、退缩、局促的学生，这主要与先天素质、教育及环境有关。有的孩子性格内向，不愿与人交往；有的孩子过于娇宠，胆小怕事；有的孩子家长管教无方，不让与外面的人交往。这些情况下的孩子容易出现退缩行为。因此，学生退缩行为的纠正重点在于教育和环境的改善，在于家长和教师耐心地逐步引导，与孩子建立相互信任和亲密的关系，多带孩子去户外活动，鼓励孩子参加集体活动、与同学交朋友，培养他们开朗的性格，这样他们的退缩行为是可以被克服的。

此外，由于孩子得不到爱抚，孤独、紧张、焦虑等原因易引起孩子产生咬指甲的不好行为，这也值得家长教师重视。应尽量满足孩子爱的需要，鼓励孩子结交同龄伙伴，设法消除学生的矛盾心理和孤立、焦虑状态，及时使他们这种行为得到矫治。

（五）情绪障碍

对中小学生情绪障碍的判断是不容易的。但据有关研究人员的研究认为，在有情绪障碍的学生中间存在的情绪主要表现在以下几方面：

1. 恐惧和恐怖

恐惧与恐怖是一种对客观事物和环境正常的心理反应。这种反应有时也是必要的。因为过于鲁莽，什么都不怕，其人格未必健全。但当一个人在面对某一特定事物或环境时，出现在正常情况下不应具有的强烈恐惧、明显的焦虑，并由此产生了回避或退缩行为，严重影响了个体的正常生活和社会功能，这就成为一种情绪障碍了。恐惧不等于恐怖，恐惧具有不稳定性，常常是一个内容消失，另一个内容又产生。恐怖是一种过分的恐惧和不安，它具有稳定性，常常随强烈的恐惧感而产生回避和退缩行为，劝慰、说服、解释都难以发生作用。小学儿童感到恐惧的主要是身体损伤（如摔伤、生病、打针或动手术等）、离开父母或亲人死亡、害怕考试、犯错误或受批评等。随着年龄的增长，在中学生中易产生学校恐怖和社交恐怖。

学校恐怖主要表现为对学校产生强烈的恐惧，拒绝上学，还表现为学科恐怖、考试恐怖、教师恐怖。防治学校恐怖的办法有：（1）改善教育方法，减轻学生的学习负担，纠正片面追求升学率的错误做法，让学生在轻松、愉快的环境中学习，把学习当作享受和乐趣；（2）对有生理、心理缺陷或弱点而影响学习的学生降低要求，多表扬，少批评，及时肯定和鼓励他们的点滴进步，提高其自信心；（3）对于产生"恐学症"的学生可采用支持心理治疗法，主要通过解释、安慰、鼓励、指导疏通情感及调整环境等方式达到治疗目的。

社交恐怖主要表现在：（1）缺乏人际接触、交往和信息交流的能力，对待陌生人表现出怕羞、面红耳赤、局促不安、退缩回避等；（2）不喜欢参加集体活动，不爱在大庭广众之下抛头露面；（3）在学校里上课不敢提问和发言，怕被老师提问和点名，看到老师不敢主动招呼和致意，常常绕道而行，避开正面接触。由于社交恐怖多为直接经验、内心矛盾冲突及个性不良所致，故一般治疗方法是分三步：一是采用心理分析法，帮助患者找出恐惧症结之所在；二是采用认知疗法，帮助纠正不合理的观念；三是采用实践脱敏行为治疗法，如到公众场合去看别人的面部不低头，到人多的地方通顺地朗读和背诵文章、诗词等。由里及表，由心理深层到行为，进行系统心理治疗。

2. 暴怒发作

这指的是学生在个人要求或欲望没有得到满足，或者受到某种挫折时，出现哭闹、尖叫、在地上打滚、撕扯自己的头发或衣服、与人争吵、打架斗殴等，用来发泄自己不愉快的过火行为。这本来是一种激情、激怒的正常情绪反应，但经常暴发激情激怒，缺乏起码的自制自控能力，则是一种心理缺陷了。暴怒发作会对人的身心健康产生不良影响，还会导致人际关系紧张，防治学生暴怒发作很有必要。其方法有：（1）认知提高法。从小培养孩子讲道理、懂道理，不溺爱、迁就孩子，还要逐渐让他们懂得暴怒发作的危害及不良后果。（2）理智训练法。帮助学生用理智驾驭情感，提高自制自控能力。（3）合理发泄法。让学生从小就开始懂得一些发泄自己心理紧张的方法，并在生活中加以运用。如当学生将怒气压在心里、生闷气、把怒气放在自己身上，甚至选择自我惩罚、自杀或外显地大发脾气时，应引导学生合理发泄。有了不平事，可向老师和父母汇报，向周围同学倾诉，或接受他人的劝告和批评，或开诚布公地与对方交换意见，增进自我认识水平并改变不适当行为。

3. 夜惊与梦魇

夜惊与梦魇是睡眠障碍，前者是指入睡后，在没有任何环境刺激情况下突然尖叫、哭喊，常从床上坐起，面色苍白，呼吸短促，表情十分惊恐，不容易唤醒，醒后对发生的事不能回忆。后者是以做恶梦为主，在做噩梦时伴有呼吸困难、心跳加剧，自觉全身不能动弹，表现出焦虑、害怕，表情惊恐、出冷汗、脸色苍白等，可以叫醒，醒后对梦有记忆。夜惊多由学习或生活上的紧张和矛盾所致，主要解除产生夜惊的心理诱因，减少孩子的紧张情绪。因此，给孩子创造一个和睦的家庭环境和宽松的学校环境很重要。而梦魇多由强刺激或恐吓手段教育孩子所致，不要让他们看太富于刺激性的电影、电视和图书，讲离奇、恐怖的故事，不用恐吓的手段教育孩子。同时，还要养成孩子良好的饮食习惯，睡前不吃太饱或太少。

（六）性格障碍

一个人的性格健康与否是心理是否健康的重要标志。中小学生常见的性格障碍有自我中心、猜疑、狭隘、怯懦等。

自我中心的性格障碍主要表现为：过分自负，自视甚高，认为自己了不起，老子天下第一；看不起别人，总以为自己比别人聪明、能干，经常抬高自己而贬低别人，当别人取得成绩时嫉妒心油然而生；以自我为中心，总是从自我的角度去考虑问题，自己想干什么就干什么，想怎么干就怎么干，甚至要求他人围绕着自己转，听不进别人的意见和建议。这种毛病的产生与家庭的过分娇宠、生活中的一帆风顺、片面的自我认识及周围人的吹捧有关。因此，对他们的教育首先是去除坏环境的刺激，变溺爱式教育为宽严适度的说理教育方式，帮助正确认识自己，既要看到自己的优点和长处，也要看到缺点和不足。同样，既要看到别人的缺点和不是，更要看到优点和长处，并用发展的眼光看待自己和别人，还可以开展角色游戏训练，在游戏中体验关心他人、为他人服务的感受。

猜疑的性格障碍主要表现为极度的神经过敏，遇事总疑神疑鬼，总觉得别人在议论自己，怀疑别人在做对自己不利的事；过分谨慎和神经质，担心门没关好，害怕同学误会而反复解释；过分关注自己的身体，害怕患病等。由于这些过分的担心往往引起痛苦的感受和意志消沉，导致少言寡语、孤独沉默、忧愁郁闷，遇事总往坏处想，自怨自艾。产生这种心理障碍的原因大致是自小受到歧视和虐待，或受到不公正的待遇而伤害了自尊心；生长在不健全家庭，特别是单亲家庭，形成了过于敏感、多愁善感的性格；性格内向，与同学缺乏交往，喜怒哀乐不能得到抒发，情绪长期受到压抑；身有残疾，常受到不公正待遇、受到同学的嘲笑或欺侮等。针对产生的原因其防治策略有：帮助树立正确的观点，用发展的全面的眼光分析自己、他人和环境；教育学生用客观的态度审时度势，打消先入为主的假定所引起的心理定势，头脑冷静、客观、公正地分析事物和他人，防止消极的自我暗示；引导向先进人物学习，多读优秀作品，多看有益于身心健康的影视剧，丰富精神生活，开阔心理视野；教师和同学在学习、生活、思想上多给予关心、支持、帮助和开导；指导通过调查研究，本着实事求是的态度消除疑心；有意识地引导学生参加集体活动、友好交往。

怯懦主要表现在：胆小怕事，遇事退缩很少有主见，屈从他人、逆来顺受；进取心差，害怕困难，在困难面前惊慌失措；情感脆弱，经不起挫折和失败；对自己的能力和品质作出偏低的评价，不能表现出自己的能力，害怕与人交往，自我封闭，内疚、失望，甚至陷于自卑之中。怯懦产生的原因多见于：家庭的过分溺爱、袒护和娇惯；遭受挫折过多导致心理负担过重、怀疑自己的能力；自我评价偏颇，以己之短比人之长，导致自我认识偏颇；缺乏客观评价，有些教师和家长只看学生成绩，不看其他方面的发展，只注意学习成绩好的，忽视一般学生或较差的学生。对待有怯懦心理障碍的学生要进行气势激励，使其产生勃勃豪气，自我鼓励、自我积极暗示，以激励自己的气势；给学生创造机会，让学生鼓起勇气，大胆去做，不怕失败，不指责，多鼓励；帮助学生正确评价自我，既要看到自己的短处，也要看到自己的长处，不过分求全责备自己。

狭隘与嫉妒。狭隘又称"小心眼"，其特征是心胸过于狭窄，把个人利益看得太重，斤斤计较，耿耿于怀，感情脆弱，意志薄弱，办事刻板，谨小慎微。狭隘常导致嫉妒，有这种毛病的学生看到别人的才华、相貌、成就等方面超过自己时，就采用种种方法去打击别人，甚至不惜臆造事实。造成狭隘和嫉妒性格的原因是后天环境的影响。如父母的心胸狭窄对孩子产生潜移默化的影响；教师的褒贬不当、亲疏失调引起或强化学生的嫉妒心理；学生的知识浅薄、眼界狭小、虚荣心强，易导致心胸狭隘甚至嫉妒别人。矫治这类性格障碍时，要教育学生严于律己，豁达大度，宽以待人，驱除私心杂念；加强学习和修养，使眼界开阔，生活丰富多彩；懂得不服输是进步的动力，但事事比他人强又不实际的道理；通过具体事的处理和引导有意识地改变狭隘的性格。

（七）适应障碍

学生适应社会环境也是保持心理健康的重要内容。现实生活中中小学生也存在不同程度的适应障碍，主要表现为两种情况。一种是学生入学、转学、迁居后表现情绪异常，烦躁、不安，有的变得抑郁，有的变得喜怒无常，无缘无故乱发脾气；行为改变，原先活泼好动者变得文静、内向，原先多言的变得寡言，原先喜欢交朋友的变得孤僻、不合群，甚至由于环境障碍引起夜惊、梦魇，食欲不佳，头晕乏力。这些都属于环境适应障碍。

另一种叫人际交往障碍。学生人际交往是他们实现个人社会化的需要，也是他们正确认识、从外界获得知识并取得成功及培养良好个性的需要。但由于种种原因，不少学生在人际交往中存在许多问题，甚至存在人际交往障碍。人际交往障碍主要表现在：因认知偏见不愿与他人交往，或情绪不良爱发脾气、恐惧害怕引起交往障碍；或气质、性格方面的人格特点导致交往障碍；或是教师和家长在为人处世方面存在的缺陷（虚伪、多疑、狭隘等）的影响造成人际障碍。两种适应障碍对学生的健康成长影响极大，教师应予以重视，并给予指导。对于有环境适应障碍的学生要改变教育方式：培养学生独立自主精神和自我生活能力，从小养成不依赖他人的习惯；帮助他们学会生活、学习自理，能尽快熟悉新的环境；组织集体活动，增进同学间相互认识、相互了解，在活动中学会互谦互让、互相关心。对于有人际交往障碍的学生要帮助他们克服各种人际偏见，加强个性修养，确立良好的印象，培养学生处理人际关系的能力，同时还应帮助他们寻找产生交往障碍的原因，制定正确的矫治措施。

三、技能教育 7-2

【教育内容】

对中小学生心理障碍的诊断及防治。

【教育目标】

1. 了解掌握中小学生七种类型心理障碍表现的特征。

2. 学习分析学生心理障碍产生的原因。

3. 了解和掌握防治学生心理障碍的具体方法。

4. 能将所学知识运用于具体案例分析，并提出防治办法。

【教育程序】

1. 学习有关理论，掌握对中小学生心理障碍进行诊断与防治的正确方法。

2. 提供范例。

案例 7-2-1

某女生，高中一年级，16 岁，该生的学习成绩一直处在班上前几名，她努力、刻苦，想考上这个城市中一所最好的名牌大学。

可是，约有半年的时间了，她的睡眠有了障碍，经常入睡困难，要到凌晨 2 点才能睡着。白天，她的脑子像无轨电车，总是浮想联翩，安静不下来。她的头经常疼，像紧箍咒绷着一样，她发现自己的思想很难集中在学习上，看一会儿书，做一会儿作业就感到疲劳，需要休息很长时间才行。不知怎么的，她的体力也远不如前，体育课也很难坚持下来。她还经常感到紧张不安，有时情绪也有点低落。由于力不从心，这样，她的学习成绩逐渐下降，令其十分苦恼。①

案例 7-2-2

某初中三年级男生，15 岁，从小在父母的宠爱下长大，他在学校里的表现尚可，但在家里却非常任性。一般情况下，他想干什么，父母就必须满足他的欲望。有一次，他要求母亲给他换一部手机，母亲没有答应，他便大声吵闹说要割腕和放火。结果，他真的这么做了。他的父母感到非常伤心和吃惊："这个孩子怎么了？"面对该学生，他的父亲不知道该怎么对待他，而他却不认为自己的心理有什么问题，反而，他觉得父母对自己不好，自己只不过脾气不够好而已。②

案例 7-2-3

某初中二年级女生，她是一个特别的人，她喜欢周杰伦胜过一切。她曾经十几次买了车票赶去听周杰伦的演唱会，她有周杰伦所有的歌曲，为此她花费了许多时间和精力，学习成绩也越来越差了。老师与父母都劝她不要太过分，这样不好。同学们说她和那个追刘德华的女生一样，是不正常的。她不以为然，认为，这样很好，没有什么不正常的。③

案例 7-2-4

某初中三年级学生，男，该生从小在母亲的高期望下成长，绘画、下棋、奏乐皆会，其学习成绩在班上属优下等。该生性格较内向，话语不多，经常是同学聚会时的旁听者。他做事仔细，可谓一丝不苟、井井有条，有时显得刻板。例如，他的课桌椅是不能换的，如果换了他的课桌椅，他会在旁人不注意的时候，偷偷地换回。因为他的学习成绩不错，在班上，他的位置还算较高。眼看快要升高中了，家人对他抱有很高的期望，希望他能进市重点高中，以后考上该城市排第一位的名牌大学。

然而，初三以来，这个同学的学习成绩不见进步，反而有所下降。老师曾找他谈话，询问他的状况，想了解什么原因使他出现现在的状况。但是，老师一无所获，因为他什么也没说，只是表示自己会努力的。可不久，他的父母发现，他经常表现精神不足，有时显得很不耐烦。后来，有同学发现他经常去学校心理咨询室寻找心理老师。原来，他很长一段时间来，总是在苦想一个问题，即人活着为了什么？这个想法始终在脑海里挥之不去，使他不能集中思想学习。有时，他也觉得没必要那么想，可总是控制不住，他感到很痛苦，便找心理老师来求助。①

3. 熟悉学生各类心理障碍表现的特征。

4. 分析上述各例学生的表现特征。

5. 根据各类心理障碍表现特征与上述四种学生表现特征相对照，一一作出心理诊断结论。

6. 试析上述各例学生心理障碍产生的原因。

7. 针对上述各例中学生存在的不同心理障碍一一提出不同的治疗（教育）措施。

---

① 青青. 中小学生心理障碍案例［J］. 青少年心理健康教育，2010（5）.

第八章　青春期教育

20 世纪 80 年代以来，我国部分城市中学开始尝试开展青春期教育，并逐渐受到重视，因为它对正在成长着的青少年来说至关重要。什么是青春期教育？青春期教育的主要内容有哪些？怎样进行青春期教育？它与中小学德育一样，是每个教师特别是班主任应该明了的。

"青春期教育"是我国特有的一个概念。按照中国语言委婉修辞法，"青春"二字藏着一个"性"字，青春期教育就是指性教育，它是性教育的委婉说法。青春期教育的目的就是追求性健康，也就是使青少年逐渐形成健康的性爱观、性意识、性情感和性行为。它是个性整体素质的重要组成部分。青春期教育的主要任务是：

（1）帮助学生了解青春期的各种变化，认识这些变化的正常性和必要性以及对于自身成长的主要意义。

（2）引导学生形成对于青春期变化所应持有的正确态度。

（3）为满足学生在青春期所产生的各种需要提供机会和指导。

（4）使学生掌握有利于缓解青春期变化带来的压力，处理各种矛盾冲突，解决各种实际问题所需要的知识技能。

班主任对一个班的教育要全面负责任。中学班主任在青春期教育中具有独特的地位和作用。首先，班主任要统筹、协调一个班级的青春期教育工作。学校开设的政治课、品德课、生理卫生课、心理教育课、体育课等都包含着青春期教育的内容。班主任应当了解有关内容，了解本班学生的实际情况，协助各科教师做好性教育工作。同时，青春期教育不仅通过学科教育进行，更重要的是通过开展丰富多彩的青春期教育活动，才能取得良好的教育效果。

第一节　青春期生理发展与教育

青春期是人生发展的新阶级，是从性不成熟、不能生育的儿童期转变为性成熟、具有生育能力的成年期的过渡时期。这个时期是人的一生中身体成长发育的关键期，也是身体发展的定性阶段。这一时期青少年的身体发生显著的变化，其特点表现在：身体外形发生变化；身体内部器官趋向完善；性机能开始成熟。青春期到来的标志首先是生理发展。

一、青春期生理发展

青春期的生长突发标志是以躯体、体形以及手臂、腿部和颈部等为中心的身体组织的迅速增长。

1. 第二发育高峰

青春期是人发育的第二高峰，也是最后一个高峰，身体迅速长高，体重迅速增加。因此这个时期对人的身体发育的意义是十分重大的，如果青春期的生长发育得到良好发展，则不仅使本阶段具有健壮的体魄和巨大的潜能，而且对中、老年的学习和工作有着决定性的意义，也为老年期的延年益寿奠定基础。因此，中学体育、青春期教育关系着国民身体素质，直接影响我国人口素质和经济的发展。

2. 性机能不断成熟

学生进入青春发育期，性腺机能开始发生作用，性功能开始显现。这时，女孩开始有月经，声音变尖，乳房逐渐突起，盆骨宽大，皮下脂肪增多。男孩开始遗精，喉结突起，声音变粗，上唇出现茸毛，肩宽体高，体态健壮，逐渐成为男子汉。一般来说，女孩子比男孩子早两年左右进入青春期。

3. 内脏机能健全发展

随着身体的急速成长，中学生的血液循环和呼吸系统的功能日益增强。心脏容量增大，收缩力增强，14岁少年肺活量可达2000～2500毫升，青春初期可达3000～3700毫升，其他生理指标如血压、脉搏、体温、血红蛋白、红细胞等也都发生显著变化。神经系统特别是大脑的生长发育与其他系统相比，显得既早又快。少年的脑量已接近成人，他们大脑神经活动机能的主要特点是兴奋性高，兴奋过程比抑制过程要强，兴奋与抑制在一定时期并不十分稳定，对运动系统的调节作用也不强。所以少年在动作和活动上常有不太灵活之感。到了 17～18 岁时，他们的神经系统特别是大脑皮层的结构和机能逐步发展成熟，神经系统的兴奋过程和抑制过程也逐渐稳定，第二信号系统逐渐占主导地位，这就为中学生的抽象逻辑思维的发展、系统知识的学习、自我意识的发展等提供了物质基础。

二、青春期生理教育

青春期生理发展的特征可以概括为"突增"和"巨变"，这些"突增"和"巨变"引起青少年心理上的巨大变化，因此青春期的生理与心理因素是密切联系的，尤其是性生理与性心理不能分开进行单独分析。但也有些与心理问题关系不十分密切，在教育上也需要特别关注。

（1）卫生教育。青春期内，无论男女生，分布在身体腋下、腹股沟和眼睑的油脂腺和汗腺激活，体臭随机出现。男孩活动量激增，女孩月经出现，使体臭更加突出。尤其上过体育课后回到教室，体臭会更明显。在大部分时候他们很难意识到自己身体散发出来的气味，可是与自己接触的其他人却很敏感，教师要有意识地提醒他们。而掩盖体臭的根本办法不是用清香淡雅的化妆品，而是教他们学会勤洗澡、勤换内衣，练习自己洗衣服，养成良好的卫生习惯。

（2）安全教育。青春期在时间上、个体上、身体部位上发育是不平衡的，尤其是青春前期孩子的神经系统尚未完善，而且他们又爱好活动，往往容易发生踏空台阶、从单杠上摔下来等意外身体损伤。同时由于这类原因，学生损坏公物的现象也较普遍。因此对他们要进行安全教育，对于他们损坏公物的行为，要查明原因，如果不是有意的，由于神经系统发育不完善的原因造成的，则不宜过多地批评学生，避免冤枉学生，造成对立。教师要给予具体的指导、细心的教育。

（3）适当地进行性生理卫生科学知识的传授，打破学生对某些生理现象的神秘感和恐惧感。否则，他们在不懂得青春期发育规律的暗箱中，心中难免恐慌，如不经疏解，很可能发展为持续一生的心理障碍，严重的会发展为性变态。因此教师要针对男女学生不同的生理特点，有区别地进行生理卫生教育。

（4）生理保健教育。教育学生注意营养，加强体育锻炼，注意饮食起居卫生，适度劳动和锻炼，强度不宜过大，时间不宜过长，劳逸结合，并保证足够的睡眠，使学生的身体得到正常的发展成长。

三、技能教育 8 – 1

【教育内容】
青春期生理卫生教育的技能。

【教育目标】
掌握青春期学生生理发展的特点，并根据生理特点分析学生某些行为问题的生理原因，采用正确的方法教育学生。

【教育程序】
1. 学习有关理论，用正确的方法对学生进行青春期生理卫生教育。
2. 提供范例。

案例 8 – 1 – 1
　　某中学初二班一群男生下午骑着自行车回家，一路上嘻嘻哈哈，打闹不停。其中有人建议，比一比谁的车技高、速度快，其他人马上附和。于是，每个人把手放在背后，踩着轮子往前冲，个个像得胜的勇士。突然，骑在前面的两名学生相碰被撞倒在地，后面的同学来不及刹车，结果，撞倒一片，还有几位同学受了重伤。

3. 熟悉青春期学生生理发展的特点及进行青春期生理教育的主要内容。
4. 仔细分析案例中事故发生的经过，找出产生事故的生理原因。
5. 提出对案例中男生进行正确教育的内容和方法。
6. 帮助学生分析事故的原因，对学生进行安全教育。

第二节　青春期心理发展与教育

　　从上节内容中我们可以了解到青春期学生在生理上发生了三大变化，即外形剧变、体内机能健全、性的萌发与成熟。这为青春期心理发展奠定了生理基础。由于青春发育期身体的急剧变化，特别是性的成熟，对青少年心理过程和个性心理发展的各个方面具有极大影响，心理也发生巨大变化。若要有效地进行青春期心理教育，教师必须了解青春期学生心理发展的状况与特征。

一、青春期学生一般心理特征与教育

（一）青春期学生的一般心理特征

（1）智力发展特点。记忆力明显增强，注意力容易集中，抽象思维能力大大加强，已经初步掌握了分析、判断、推理、论证的逻辑思维方法，认识事物的能力不断提高。独立意识增强，喜欢争论和独立思考。但由于大脑皮层的兴奋与抑制发展尚不平衡，所以易受外界影响，思想多变，且不适应较长时间的紧张脑力劳动。

（2）情感特点。情绪具有"易感性"和"多变性"，容易波动并具有强烈的冲动性，常常走极端，不善于用理智驾驭情感。

（3）意志特点。自我认识能力和意识水平迅速提高。初中生属于自我意识明确形成期，独立愿望与自尊感大为增强，但自我评价偏高。高中生是自我意识发展新觉醒时期，自我感觉、自我评价、自我分析、自我监督能力迅速提高。同时，高中阶段也是一个人人生观、世界观和理想逐步形成的时期，但这个时期的理想往往容易脱离实际，成为"幻想"。意志能力仍有待进一步发展和完善。

（4）个性特征。青春期是一个人个性形成的关键时期。学生不但兴趣、爱好广泛而稳定，而且世界观、人生观已经初步定型，自我认识、自我评价、自我控制和自我教育的能力日益发展，对友谊的追求和情感需要十分迫切和强烈，其间异性间的交往和友谊日渐增进。但学生的人格还没有完全定型，具有很大的可变性和可塑性，尚需不断稳固和完善。

（二）青春期心理教育的具体内容

（1）利用学生好学上进、求知欲强的特点，引导他们不断接受新知识和新事物，不断追求知识和真理。在发展其思维的独立性和批判性的同时，避免极端性和片面性，使他们正确地认识世界，培养其科学的世界观和高尚的人生观。

（2）通过学习和文体活动以及教师的表率作用，培养学生的道德感、

理智感、美感等高级情感和情操，并有意识地培养他们的耐挫折力，学会用理智调节和控制自己的情绪。

（3）有意识地给学生提供独立生活、独立工作、独立分析和处理问题的条件和机会，注意在学习、生活、体育锻炼和劳动实践中磨炼学生的意志，培养和发展积极的意志品质，如独立性、自觉性、果断性、坚持性和自制力等。

（4）组织学生进行丰富多彩的学习竞赛和文体活动，加强和引导他们正常的人际交往，培养学生的友谊感和集体荣誉感；尊重和发展学生良好的兴趣爱好和正当需要，为他们养成健全完善的人格奠定必要的基础。

二、青春期学生性心理与教育

性心理是指人在性方面的心理现象，如性意识、性欲望、性观念、性情感以及性梦等性心理活动的总和。青春期学生性心理是随性生理的发育而萌发到成熟的。性心理教育是青春期性教育的重要内容。学校对学生进行性教育的主要目标在于，促进学生性心理健康、正常地发展，预防和矫正变态性心理。发展学生正常的性心理，对于完善他们的人格，使其具有正常的感性和理性，有着十分重要的意义。

（一）青春期性心理的主要表现

1. 性意识

性意识是指人对性的认识和态度，是人类关于性问题的思维活动。性意识有两层含义：一是指对性别的意识，如幼儿意识到自己是男孩还是女孩；二是指对性的关注、兴趣和向往。进入青春期以后，青少年由于性机能的逐渐成熟，表现出对性的特别关注、兴趣和向往。这就是通常说的青春期性意识觉醒。青少年性意识的表现形式是多种多样的，如性兴趣、性幻想、性梦幻、性好奇、性吸引、性兴奋、性羞涩，等等。从根本上说，青少年性意识的觉醒是受自然规律支配的。但是这种性意识有一个发展方向问题，是朝健康、正常的方向还是朝变态、堕落的方向发展，则是环境影响和教育的结果。于是，这里有一个青春期性意识培养的问题。

2. 性欲望

性欲望是随性意识的觉醒而产生的。青春期性欲望强烈是自然规律，一味压抑或放任自流都是错误的。青少年的某些性欲望，如与异性正常交往的欲望应该予以满足，而不应设男女之大防。而另一些性欲望，如性尝试的欲望，则应加以约束。学校的青春期教育，要使青少年认识到哪些性欲望是可以满足的，哪些是不可以满足而应加以自我调适的。

3. 性观念

性观念是性心理的重要内容。性观念是经过社会文化锻造而成的，它具有系统性、稳定性、群体性和个别差异性等特点。不同国家、不同地域、不同民族的性文化不同，人们的性观念也就不一样，这是不同的性文化环境影响和性教育的结果。青春期正是性观念形成的关键期，学校教育既要帮助他们树立正确的性观念，如两性平等观念、性道德观念等，又要帮助他们自觉抵制封建主义和资产阶级腐朽的性观念的影响。

4. 性情感

性情感是指和性活动有关的爱、憎、兴趣、恐惧等感情发展变化的活动。青春期性生理机能的发育成熟是产生性情感的内在因素，现实生活中的性信息是产生性情感的外在因素，在内因的启动和外因的刺激下，青少年开始体验从未有过的复杂感情。青春期学生性情感的发展是由幼稚到成熟、由波动到稳定的。在这个发展的过程中，教师的正确引导和教育是关键。利用伟大的革命家、科学家和英雄模范人物及文艺作品中的爱情故事影响他们为最佳教育途径。

5. 性适应

性适应是指青少年在成长中能愉快地接纳自身的性征变化，以及自觉地按照社会文化规范的要求约束和调节自己的性欲望和性行为。青少年的性适应包括自身性征变化的适应、与异性相处的适应及与社会规范要求相协调统一的适应。性适应的发展是一个从不适应到适应良好的过程。有的青少年当自身性征达不到理想的标准时往往产生自卑感，由此带来的苦恼严重影响青少年的学习和个性的形成。因此教师要及时帮助他们战胜自卑，愉快地接纳自己的性征。有的青少年与异性相处时表现出恐惧、脸红心跳、举止极不自然，应让他们增加与异性接触的机会；有的青少年对某一异性极度关心，要指导他们改变对异性的态度，学习尊重异性；有的青少年对异性交往产生"罪恶感"，这是因为受某种错误观念的影响和环境的限制，压抑对异性的好感和爱慕的表现，应指导他们建立健康的性意识，逐步与异性接近交往，消除"罪恶感"；有的青少年与社会规范不适应，这主要应加强性道德和性文明教育。

6. 性梦

这是指在睡眠时所作的与性有关的梦。青春期少年由于性机能的日益成熟，由于性欲望的强烈而不能满足，也由于外界性信息的刺激，往往在睡眠时产生性梦。据有关随机调查，男生首次性梦的年龄为 14.3 岁，女生为 17.6 岁，且性梦很少自动中止。心理学家研究，青少年做性梦是很正常、自然的现象，但对于缺乏性知识的青少年来说，可能引起忧虑或恐惧。虽然青少年的性梦一般是很隐秘的，成为他们的隐私，教师难了解，但如能在青春期教育中向学生讲解这方面的知识，就可以消除他们的忧虑与恐惧。

（二）青春期性心理特征

关于青春期性心理特征，国内外性心理学家们作过各种描述，归纳起来主要有以下几方面：

（1）性兴趣产生。随着性器官的发育和第二性征的出现，青少年对性产生了兴趣，开始关注有关性方面的事。尽管这种兴趣是隐蔽的，有些疑问难以启齿，但仍然通过各种渠道、各种方式表现出来。性兴趣的产生一般在 8～14 岁之间。它与儿童期的性兴趣完全不同，儿童的性兴趣出于对性的好奇，正如对其他事物好奇一样，而青春期的性兴趣是由于身体内部性欲的驱使。性兴趣也是因人而异的。有的敏感，有的平平；有的强烈，有的较弱；有的主动追求，有的被动产生；有的付诸行动，有的停留在想象之中。总之，任何青少年都有性兴趣，这正是性意识觉醒的表现。青少年对性的兴趣和好奇是完全自愿的、合理的。如果我们把这种现象看做是下流的、邪恶的，那么我们的措施就是性封闭和性禁忌。然而，在当今开放的社会文化环境下，学校实行性封闭和性禁忌是办不到的，它只能导致青少年偷偷地、不分良莠地从各种渠道吸收性知识，情况就变得复杂了。

（2）性冲动的出现。青春期性冲动即性萌动。据调查，十四五岁的少男少女初次体验到性的冲动。第一次出现的年龄，男生平均是 14.3 岁，女生是 16.7 岁，有的是自然产生的，有的是外界刺激下出现的。对于缺乏性知识的青少年来说，性冲动初次出现时常常使他们感到困惑、窘迫、恐惧、忐忑不安，甚至是兴奋、激动与苦恼、自责的心理交织在一起。由于性冲动更多的是属于非理性的，因此当性冲动不合理或危害他人和社会时，就需理性予以节制，或转移目标。这时，教师帮助青少年理智地对待性冲动，教给学生适当的心理调节方法，将会取得良好的效果。

（3）手淫。这是一种自慰行为，用以满足性兴奋和性冲动的需要。根据性心理专家研究，手淫是少年男女中比较普遍的现象，对大脑和身体并没有特殊的影响，但无论什么事情无节制都是有害的，这点是需要我们青少年明白的。由于我国传统文化的影响，大多数人视手淫为恶习，因而青少年在手淫后往往有自责、内疚、羞耻、忧虑、自卑等心理反应，甚至他们怀疑个人价值，怀疑自己的意志，降低自尊心，心理上有强烈的自我谴责感。这对他们的健康成长极为有害，消除这种无谓的心理恐惧和紧张，便是青春期教育应有之意。

（4）性梦幻。性梦幻又称性梦想，指人在清醒的状态下所出现的一系列带有性色彩的心理活动。性梦幻是个人私有的秘密，他人无法窥测。据调查，初步出现性梦幻的年龄是 15～16 岁，15～19 岁学生称经常有性梦幻。青少年出现性梦幻的道理很简单，由于他们处于青春萌动期，具有强烈的性欲望，憧憬着美好的爱情和婚姻，但是由于道德和法律规范的限制，不能与异性结合，便会想入非非，在由自己想象的梦幻中寻求心理的满足。青少年出现性梦幻是正常的现象，但是如果这种梦做得太多，不能摆脱，就是一种异常的心理状态，一旦以梦境代替现实，在实际生活中容易失去适应的能力，这就变成了心理障碍。

（三）青春期性心理教育

上面的叙述中在许多地方已经涉及如何进行青春期性教育的问题。这里我们突出谈两个问题。

1. 帮助学生理智地对待性冲动

如前所述，青春期性冲动是一种自然的正常的生理、心理现象，是每个人进入青春期以后都会经历到的。实际证明，青少年如能在教师的帮助下理智地度过青春期，身心就会得到健康发展，否则，他们有可能走入歧途，甚至犯罪。教师对青春期学生的教育，一方面使他们获得性知识，培养他们用理智的力量进行自我控制和调节，因为内控的力量比外控的力量更有效；另一方面要让青少年合理的性需求得到适当的满足。应说明的，这里指的是性心理需求，我们提倡男女同学的集体交往，允许男女同学的个别交往，这样，班级或学校应有计划地开展一些男女同学共同参加的各种形式的活动，如春游、文娱活动、体育比赛等。在男女同学的个别交往上不能限制，更不能禁止，否则会引起学生的抵触、厌烦和逆反心理。允许学生个别交往是对学生独立性的肯定，是对学生人格的尊重，也能满足他们对友谊和异性吸引的需求，有利于学生性心理的发展和个性的完善。当然我们充分尊重学生的同时，也必须严格要求学生。学生在个别交往中必须遵守两条：（1）交往不仅不能妨碍学习，而且还要促进学习，共同进步；（2）不能有超越男女同学正常交往的行为。如果学生能做到这两点，至于在具体交往上，就不宜干涉太多。

2. 引导学生正确对待"早恋"

促进青少年男女学生之间正常交往是青春期教育的目标之一。然而，中学生是不准谈恋爱的，因此，教师一定要把握住中学生异性交往与"早恋"的区别。如果不加区别地阻止男女生正常交往，把交往一律当做"早恋"而加以禁止，既不利于中学生性健康发展，收效也甚微，还会在师生之间产生隔阂。据专家们广泛调查了解到中学生异性交往呈现出的特点是：（1）在同龄交往中异性交往的比例增大，当代青少年交友的异性化趋向十分明显；（2）异性交往亲密化、公开化，并向专一朋友方向发展，但申明这不是谈恋爱；（3）带有"早恋"倾向的异性交往意向增强，8%左右的中学生承认自己心中有爱慕对象或者已有相爱关系；（4）初高中学生相比较，异性交往的情况和趋势基本相同，这表明当代青少年异性交往和异性意识发展前倾是一种走向。在对待"早恋"的问题上，他们的看法是：（1）认为中学生可以有专一的异性朋友，但这不等于谈恋爱者占40.2%；（2）只要有真正的感情，中学生可以谈恋爱者占22.7%；（3）38%的认为中学生不应该谈恋爱，而应把主要精力投入到学习中去。

可见，中学生异性交往在增强，但异性交往有两种情况，即正常交往和"早恋"。由于中学生在对待异性交往的认识上和处理两性关系上存在一定的模糊性，所以须要进行青春期教育。"早恋"可以说是青少年性心理发展的正常现象，是符合青少年情感和性心理发展的一般规律的，这就是中学教育中早恋现象屡禁不止的原因所在。这充分说明，任何违反青少年情感和性心理发展的一般规律的做法，都是不起作用的。但是，承认中学生"早恋"是必然现象，并不等于说对他们放任自流，听之任之。教师的责任不是阻止学生情感的发展，而是把学生爱情的力量引导到个性全面发展的轨道上，因此应采用以疏导为主的教育方法，加强性道德和爱情教育。具体的做法一般是：（1）以科学的态度适时、适度、有分寸地对学生进行必要的性知识教育，以满足他们对性知识的正常合理需要。（2）借助各种教育手段和教育活动，引导学生进行美好的情绪体验，净化心灵，激发他们健康向上。（3）组织学生开展丰富多彩的学习活动、文体活动和社会实践活动。一方面充实他们的精神生活，另一方面在活动中引导学生进行正常的人际交往，教给他们必要的道德规范和礼仪方式，培养彼此关心、尊重、互帮互助、团结友爱的良好班风，给他们提供一个良好健康的心理氛围。（4）对有"早恋"现象的学生，切忌简单粗暴地横加指责和制止，而是要在保护学生的自尊心、尊重学生人格和情感的前提下劝导学生，既要珍重纯洁的友谊和爱的种子，又不让其过早萌发，而要珍惜光阴，勤奋学习，等到将来更加成熟，具备了条件时，再让爱的种子萌芽、开花、结果。让学生深切体会到教师对他的真诚、关心和爱护，自觉打开心灵之窗，主动接受老师关于爱情的指导。

三、技能教育 8 - 2

【教育内容】

正确处理学生的"早恋"问题。

【教育目标】

1. 了解青春期学生一般心理特点及教育内容。

2. 掌握青春期学生性心理的主要表现及特征。

3. 懂得如何帮助学生理智地对待性冲动和正确处理"早恋"问题。

【教育程序】

1. 学习有关理论，用正确的方法对学生进行青春期心理教育。

2. 提供范例。

案例 8 - 2 - 1

开学几周后，一老师向我反映欣雨和他班上的一男生过往甚密，两人经常互通信件，甚至利用晚自习时间写信，很多言语也不是很健康……她可是我们二班老师眼里的"优等生"，同学们羡慕崇拜的"学习标兵"，如果她出了问题可就麻烦了，不仅不利于自身的发展，而且还会给班中的其他同学造成不良影响。

课堂上欣雨开始心神不定，经常走神；作业质量也开始下降，她还经常若有所思地写写画画……这是从没有过的事情，看来要出问题了！于是我找她谈话，而她始终低着头，眼睛不敢看我。

"这段时间感觉状态不是很好，没法集中注意力听讲。"看来她也已经意识到了自己存在的问题。

这次的谈话主要是让她明白，老师已经注意到这样的情况了，她的这种状态已经严重影响到学习了。

突然有一天，欣雨在周记本上给我写了很长的一封信："……被他的班主任发现后，他就不理我了，我特别心烦……我也不知道怎么了，上课总想着这件事，他的冷淡让我很难过，看到他和别的女生有说有笑的，我就很不高兴……"她说现在她很矛盾，不知道该怎么办，向我寻求帮助，并且一再让我替她保密。

再三考虑后，我决定也采用书信交流的方式。一本周记本，就这样写满了她慢慢的变化。她重新找到了正确的方向，顺利考上了市重点高中。①

3. 了解和掌握青春期学生一般心理特点和性心理表现与特征及如何进行教育的有关知识。

4. 分析案例，领会任老师教育"早恋"学生的成功经验。

5. 根据青春期性心理教育的有关知识和某老师教育"早恋"学生的成功经验，自行拟订一个教育"早恋"学生的方案。

6. 以小组为单位，宣布自己拟订的方案，开展讨论，分析方案的优劣。

第三节　青春期学生常见心理障碍的诊断与调适

心理障碍诊断就是依据一定标准和特定的方式对人的心理问题进行归纳，分析是属于恐惧症还是精神分裂症等。所谓心理调适就是指教师或心理医生，通过与有心理障碍的学生共同努力消除心理障碍的过程。心理障碍诊断是进行心理调适的前提。能否正确地诊断和调适学生的心理障碍，对青春期学生个性的健康发展至关重要。学生的心理障碍通常表现为一种

---

① 邓月华. 学习标兵早恋了 [J]. 班主任之友，2014（2）.

内在的情绪或动机的冲突，通过心理影响生理的途径，有意识或无意识（更多的是无意识）地以身体各器官系统的病变表现出来，而不是以心理活动本身的异常来表现。青春期常见的心理障碍有以下几种：

一、神经衰弱

1. 一般表现

身体疲劳无力，头疼头晕，多汗心悸，易冲动发怒，注意力不集中，记忆力差，胆小，怕声光，入睡困难，多梦易醒，学习成绩急剧下降。

此症多发生在少年期与青年初期，一般女生多于男生，高中生多于初中生。

2. 病因分析

总的来说是由心因性障碍引起的高级神经活动过程长期过度紧张，导致大脑皮质的兴奋与抑制功能失调，兴奋性和易疲劳性增加，产生一系列全身不适应状。从影响因素看，主要有：

（1）学习负担过重，困难较大。

（2）用脑时间过长，缺乏必要的劳逸结合。

（3）精神负担重，心理压力大，情绪紧张。

3. 调适方法

（1）查明病因，对症下药。或者减轻学生学习负担，解除心理压力；或者妥善安排，做到劳逸结合，让精神得到松弛。

（2）制定合理的作息制度，注意用脑卫生。帮助学生建立起生活、学习的正常节奏，合理安排每天的学习、劳动、体育锻炼、课外活动和休息。一方面能保证学生养成良好的、有规律的生活习惯，另一方面又能让大脑在适当的、合理的休息中恢复正常的功能。

（3）帮助学生积极参加体育锻炼和劳动实践。丰富多彩的文体活动和社会实践能培养学生饱满的精神、愉快的心境、积极的情绪以及勇敢、坚毅、耐劳等良好性格，同时这也是保持大脑活动效率的有效方式。

二、强迫症

1. 一般表现

这是一种以强迫症状为突出特征的神经官能症，客观上没有人或事对患者施加压力，而他主观上却感到有某种不可抗拒或被迫无奈的观念、情绪、意向存在，不得不去从事某种行为。主要表现为：有强迫性愿望，如数窗户、砖块等，若数不清，则苦恼；有强迫性怀疑，如怀疑出门时灯未关、门未锁而多次往返检查；有强迫性仪式动作，如进门时须先立正，后迈步进入，出门时外套反复穿上、脱下、再穿上等；有对立性强迫思维，明知自己心理行为不正常，可控制不住摆脱不了，精神上感到莫名其妙的压抑与痛苦。

2. 病因分析

主要是由于环境的诱因，使患者产生一种情感的冲动，并强迫地侵入他的意识范围，表现出一种欲望的防卫机制。

同时也与性格有关。大多数学生属于内向性格，平时胆小，被动，多疑，谨小慎微，不敢出头露面，生活、行为呆板僵化。

3. 调适方法

（1）帮助学生制定合理的学习目标，并考虑其个别差异，使之清除畏惧、紧张、失望等消极情绪，树立起生活和学习的自信心、进取心。

（2）科学、合理地安排学生的学习和生活，使他们多干有意义的事情而没有时间和精力去从事多余的无意义的活动。

（3）帮助学生自觉地采用"意想转移法"。当患者出现强迫性念头时，自觉地立即在头脑里出现一个对立的想法来加以控制。这里特别需要加强学生的意志锻炼，培养坚强的自控力。

三、躁狂抑郁性精神病

1. 一般表现

情绪极度高涨或低沉，有时两种状态交替出现。情绪高涨时，异常兴奋，思维加速，言语动作增多，睡眠很少，精力充沛不知疲劳，常有一种莫名其妙的幸福感。情绪低落时，对自己、世界和未来具有消极的信念，忧伤失望，丧失信心，自我压抑，落落寡欢，敏感孤独等。

2. 病因分析

此症发生的原因众说纷纭。人们一般认为或与遗传有关，或与人体的代谢异常有关，或与神经内分泌功能失调有关。中学生往往是由于心理创伤、躯体疾病或某些精神因素，如打架、挨批评、受惊吓、受刺激、学习负担过重等引起的过度紧张而诱发的。此外，胆汁质、抑郁质气质类型的人和青少年青春期情感的波动性也容易诱发此病。

3. 调适方法

（1）尊重和爱护学生，主动关心他们的生活和学习，及时了解学生的心理发展动态，动之以情，晓之以理，增进师生之间的了解和信任。

（2）针对青春期情感极不稳定的特点，引导学生正确对待和处理学习、生活、准备就业、升学和文体活动等方面出现的问题，用理智战胜情感，用意志支配行动。

（3）培养学生良好的性格，补偿气质类型的不足和缺陷。如对胆汁质的人要注意培养忍耐、克制和涵养能力，对抑郁质的人，要及时予以表扬、鼓励，增强其自信心，减少他们发病的诱因。

四、青春期精神分裂症

1. 一般表现

主要表现为认知、情感和意志行为等各部分心理活动的分裂，是心理活动和客观环境之间的分裂，并伴有性格的改变。具体表现为敏感多疑、孤僻、迟钝、被动、思维古怪离奇。在发病期间不能自控，言语不连贯，并做出一些常人难以理解的事情。

2. 病因分析

此症是大脑功能暂时紊乱的一种疾病，病因尚未完全明了。一般认为，生物遗传、体内生化代谢异常因素、病前特殊性格因素、精神刺激因素和环境因素都可能导致精神分裂症的产生。

3. 调适方法

（1）教师和家长一方面要尊重、爱护、信任学生，给他们提供一个民主、和睦、温暖的生活和学习环境，一方面又要严格要求学生，因为简单粗暴和姑息溺爱都会导致学生自暴自弃和任性依赖的不良性格。这样的个性发展，在不当的刺激因素影响下，都有产生这种病症的可能。

（2）结合青春期心理卫生教育，引导学生正确认识自己身心的正常变化。因为学生青春期的生理变化，尤其是性发育成熟，会引起某些心理缺陷，如果没有及时地教育，有可能导致精神分裂症的产生。

五、应考综合症

1. 一般表现

在考试前心情焦急，超出正常范围，睡眠困难，有头晕、心慌现象。平时显得烦躁不安，无精打采，注意力难于集中。考试中过度紧张，心慌意乱，呼吸加快，手指颤抖，伴有冷汗或燥热，背熟的内容无法回忆，会做的题目也解答不出，考试成绩低下。

2. 病因分析

主要原因是心理压力过大，产生心理性适应障碍，大脑过度紧张，大脑皮层兴奋与抑制过程失去平衡，导致植物神经系统功能紊乱。

考试时心理压力过大的主要原因，与下列因素有关：

（1）自尊心过强，对自己期望值过高，经常达不到预定的目标。

（2）教师和家长的要求过于严格，教育方法简单粗暴，使学生过于追求分数和名次。

3. 调适方法

最根本的是要解除学生的心理负担。

（1）教师和家长要配合，帮助学生调整心态，正确认识和评价自己，从实际出发确定适当的学习目标，正确对待学习和考试。

（2）面对学生的失败，要及时给予帮助、安慰和鼓励，激发其自尊心和自信心。

（3）帮助学生合理安排作息制度，劳逸结合，并配合适当的松弛疗法和自我暗示法，消除过度紧张心理。

六、技能教育 8 – 3

【教育内容】

青春期精神分裂症的诊断和调适。

【教育目标】

掌握青春期精神分裂症的一般症状和主要病因，能对学生进行正确的心理诊断，并有的放矢地制订出科学的心理调适计划，帮助学生恢复健康。

【教育程序】

1. 学习有关理论，掌握对于青春期学生常见心理障碍进行诊断与调适的正确方法。

2. 提供范例。

案例 8 - 3 - 1

燕燕，女，汉族，18 岁，高三学生。来自城市家庭，是家里的独生女。父母关系良好，事业有成，对其有很高的期望。求助者对自己要求严格，学习成绩一直名列前茅。但升入高三以来，每次考试前都会紧张，进餐时没有胃口，看见食物恶心，考前一个星期不吃早餐和午餐，晚餐也吃得很少。临考前频繁去厕所，但实际上并没有多少尿液排出。考前尿频、厌食的症状深深困扰着该生及其家人。考前一天她不敢喝水，不敢吃水果，不敢吃流质食物，但临考前仍然频繁跑厕所。考前焦虑让该生学习日益低效，严重影响了学习成绩和考试的临场发挥，导致其对高考充满焦虑和恐惧。

燕燕的家长曾因其尿频、厌食问题带燕燕去医院检查过身体，没有发现任何器质性病变。医院开了一些增进食欲、助消化的中药，并建议其去看看精神科医生。服药之后，燕燕的症状并没有得到缓解，于是又去看了精神科医生。

精神科医生了解情况后开了一些治疗焦虑和抑郁症的药物，并没有告诉燕燕及其家人，药物的作用因人而异，效果有待观察，不能明确告之需要多久治愈，且药物有一定的副作用。医生的话和药品说明书上的副作用让燕燕和家人陷入了深深的恐惧和无助中，最终因为担心其副作用而没有服用药物。

很明显，燕燕患了应考综合症。

从燕燕的情况中，我们可以分析出她的问题形成原因。

燕燕从上学以来一直学习成绩名列前茅，对自己的要求很严格，成绩稍不理想就心情低落，父母对其也有很高的期望。燕燕对自己在学习上的高标准导致其对自身的要求十分严格，在学习上存在着担心考不好的焦虑情绪，久而久之，使燕燕在学习中一直处在一种焦虑状态。随着高考时间越来越近，燕燕每次考试前都很紧张，焦虑情绪渐渐升高，这种焦虑情绪引起了燕燕躯体症状和生理的变化，从而出现考前频繁去厕所以及厌食症状。由于担心自己尿频，燕燕在考前不敢喝水、不敢吃流食，这种麻烦和担心又促使燕燕产生新的焦虑情绪。

2013 年 5 月 6 日，燕燕进行了第一次咨询。

我告诉她，考前没有胃口、恶心都是由于焦虑的情绪导致的，因为每次考完试燕燕都感觉好饿，能吃下很多东西；临考前尿急的感觉并不是膀胱胀满，因为她已经去过很多次了。我要求燕燕进行放松条件下的暗示训练：从脚到头放松身体的每一块肌肉，在放松过程中想象自己喜欢的事物。在放松和情绪积极的状态下，让她想象考试前几天，每天津津有味地吃着早餐、午餐的场景；再想象自己轻松自信地走入考场，只需去一次厕所就够了。

2013 年 5 月 7 日，燕燕第二次咨询时开心地告诉我，她可以吃一次早餐啦！我鼓励她，看到自己的进步要为自己欢呼加油，她更加坚定了战胜焦虑的信心。我给她进行第二次放松训练，继续降低她的考前焦虑，对焦虑性条件情绪进行脱敏。

在接下来的几次咨询后，燕燕逐渐调控了自己考前焦虑的情绪。在第三次模拟考试结束后，燕燕对我说，她现在一点也不紧张了，考前焦虑已经是她的手下败将了！①

3. 分析案例中学生由于心理障碍所表现出来的种种症状，作出科学的心理诊断。

4. 分析案例中学生的思想状况、生活背景、学习成绩、性格气质、兴趣爱好和家庭情况等，获取必要的信息资料，分析学生心理障碍所产生的主要原因。

5. 根据诊断和原因分析，写出案例中学生心理障碍诊断意见。

6. 针对案例中学生的病因和生活、学习的实际情况，有的放矢地制订出正确的心理调适计划（包括对家长进行教育方法咨询）。

---

① 刘野. 用杠杆高效解决学生考前躯体化焦虑困扰［J］. 中小学心理健康教育，2014（8）.

第九章　传统道德教育

在我国中小学的传统文化教育中，道德教育一直处于核心地位。传统道德思想是中华文明的精髓，是经过了中国五千多年的悠久历史洗礼提炼出来的思想精华和文化积淀，是中国人在实践中逐步形成的具有中华民族特色的道德文化传统，潜移默化地约束和规范着人们的思想和行为，深刻影响着社会文明的发展和进步。中学生是祖国的未来和希望，肩负着传承和发展优秀的民族文化的重任，在中小学开展优秀传统道德教育不仅是青少年自身成长的需要，而且也是现代社会发展的迫切要求。

班主任作为班级教育活动的直接组织者、领导者、管理者，在班级传统道德教育过程中承担着重要任务。因此，班主任在促进学生智力发展的同时，应该重视对学生进行传统道德教育，促进学生文明行为习惯的养成，提升学生的道德水准，引导学生传承、弘扬和发展中国优秀的传统道德文化。

第一节　传统道德教育的时代价值及基本内容

道德教育是中小学德育的重要组成部分，重在对学生进行社会公德教育，培养学生的良好个性。中国五千年的悠久历史蕴育了丰富的道德教育内容，至今仍然被人们传承和发展着，如诚实守信、尊老爱幼等等。在中小学进行的传统道德教育应该依据德育目标和学生品德发展实际，有针对性地加以实施。

一、传统道德教育的时代价值

传统道德作为中华民族优秀文化的集中表现，具有强大的推动力、凝聚力和渗透力，在中小学进行传统道德教育具有特殊的时代价值，意义极其深远。

1. 激励学生增强民族自信心和自豪感

弘扬传统道德，能够孕育人们强烈的自尊、自爱、自信和富有自豪感的文化形态。对学生进行传统道德教育，能够增强他们的自信心和自豪感，引导他们以身为一个中国人而感到骄傲和自豪，并愿意为这个伟大的民族和国家的日益强大贡献自己的一份力量，从而以坚定、乐观的态度面对困难和挫折，积极进取，坚韧不拔，为实现中华民族的伟大复兴和强盛而努力奋斗。

2. 推动学生形成民族文化的认同感

传统道德教育向学生传授的是中华民族的优秀传统文化，是民族文化中健康向上力量的突出表现，是维系全民族共同心理、共同价值追求的精神纽带和思想精华，反映了民族奋发有为的共同心声。对青年学生进行传统道德教育对于他们认同、感受和理解本民族文化具有积极的推动作用。

3. 引导学生形成正确的人生观和价值观

传统道德无论实在理论研究层面，还是行为实践层面，无论是在社会心理层面，还是在社会意识层面，都对青年学生的人生观和价值观取向起着积极的引导作用。例如，传统道德教育中的社会公德教育，能够激发学生的爱国主义情怀，培养他们热爱祖国、热爱人民、热爱中国共产党、热爱社会主义的观点和真挚感情，促进青年学生正确人生观和价值观的形成。

4. 促进学生养成团结协作的团队意识

传统道德可以超越地域、阶级、政党、派别、种族等的界限，将民族传统道德规范传递到每一个学生的脑海中、心田里，使他们在共同价值观的引领下，凝聚成牢不可破的坚强堡垒，同心同德地为民族的前途和祖国的利益而团结协作，共同奋斗。

二、中小学传统道德教育的基本内容

1. 社会公德教育

社会公德是人们在长期的共同生活中形成的，社会生活中最基本、最简单、最普遍的行为规范和维持正常、有序的社会公共生活的基本条件和舆论风尚，其内容涉及人们生活的各个方面。《公民道德建设实施纲要》明确规范了社会公德的主要内容为"文明礼貌、助人为乐、爱护公物、保护环境、遵纪守法"。对于青少年学生的社会公德教育应该着重三个方面。即，第一，注重仪表，维护尊严。教育学生要学会追求内在的心灵美与外在的仪表美的统一。教育学生正确理解人格和国格的关系，热爱祖国，增强民族自尊心和自豪感，自觉维护国家、民族和自己的尊严。第二，遵守公德，严于律己。这是社会生活和公共场所的基本行为要求，是社会生活中最起码的文明行为规范。对学生进行社会公德教育，增强学生在日常生活中自觉遵守社会公共秩序、自觉遵守社会公德的意识，使学生养成良好习惯。要加强对学生的文化教育，增强文明意识和社会责任感；帮助学生在社会实践中自觉遵守社会公德，做社会的主人。第三，真诚有爱，礼貌待人。这是人际交往中的文明礼貌要求。要使学生懂得真诚友爱是一种崇高的道德情操，礼貌是人际交往中相互友好与尊重的桥梁。教育学生要心中有他人，在同他人的交往过程中，要真诚、文明、礼貌，在日常生活中养成礼貌的言谈、举止和态度。

2. 家庭美德教育

家庭美德是中华传统美德的重要组成部分，是公民道德建设的基础工程和每个公民在家庭中应遵守的行为准则，其主要内容包括：尊老爱幼、男女平等、夫妻和睦、勤俭持家、邻里团结等。对学生而言，尊敬父母、勤俭节约、热爱劳动是家庭美德教育的重点。

一般来说，对学生进行家庭美德教育主要是在家庭环境中由家长通过以身作则、言传身教来进行。但班主任可以通过引导学生树立尊老爱幼、孝顺父母、勤俭节约、自己的事情自己做等意识，教会学生为人处世的基本道理。

3. 个人品德教育

个人品德是个人在言行中表现出来的自我完善、自觉的和稳定的倾向。个人品德是家庭美德、职业道德和社会公德的基础，它更多的是指个人对自己行为的约束能力。我国自古以来就强调"慎独"，强调个人修养，只有不断提高个人品德修养，才能提高全民族的道德水平。

学校道德教育中的个人品德教育，重在现代社会道德原则和规范教育、中华传统美德和文明社会应具备的品德教育等方面。对于青少年学生而言，主要是培养他们正直、善良、诚信、宽容和勤奋学习、踏实工作的良好品质。引导教育学生具备社会主义的人道主义精神，正直、善良、守信、宽容并充满爱心。同时，作为一名成长中的青少年学生，学习是最主要的任务。班主任应该教育学生刻苦学习、珍惜时间、勤奋努力，增强学生的责任感，培养学生的毅力和自制力。

三、技能教育 9 – 1

【教育内容】

掌握传统道德教育的重要意义和主要内容。

【教育目标】

认识传统道德教育对于引导学生健康发展的重要意义，了解传统道德教育的主要内容及其具体表现，并能结合青少年学生的发展实际，把传统道德教育与学生的生活和学习实际紧密联系起来。

【教育程序】

1. 了解和掌握传统道德教育的重要意义和主要内容，从思想上提高认识，并结合学生实际，有的放矢地进行传统道德教育。

2. 提供范例。

案例 9 – 1 – 1

从我做起，实践公民道德规范主题班会

课题：孝敬父母

目标：

1. 能够认识到孝敬父母是中华民族的优良传统。

2. 能够在日常行为中做到孝敬父母。

3. 明确做到孝敬父母对自己对社会产生的效果。

手段：讨论、辩论等（使用多媒体教室）。

教学过程：

一、导入

师：中国历来有"礼仪之邦"之称……今天的我们更应该继承这种优

良传统，弘扬时代精神，从我做起实践公民道德规范。今天我们就来拾起这个古老的话题，开展一次主题为"孝敬父母"的班会课。（出示幻灯片1）希望通过大家的参与，加深对公民道德规范的理解，并能付之行动。

二、从整体感知道德规范

师：作为学校的学生，社会的公民，我们必须合格，尤其在"以德治国"的重大举措前，什么应放在首位呢？（生：公民道德规范。）

师：是的，很好，公民有公民的道德规范，哪位同学说说20字"公民基本道德规范"的内容是什么？

生：（回答）（不完全的教师举出相应的例子，引导学生回答。）（伴随学生回答出示幻灯片2：公民基本道德规范：爱国守法 明礼诚信 团结友善 勤俭自强 敬业奉献）

师：（出示幻灯片3：明礼，作为公民基本道德规范的一条是做人的起点。）……一个文明人肯定也是一个孝敬父母的人。

三、活动板块：孝敬父母

教师设置几个问题要学生回答：1. 知道父母生日的同学请举手。再进一步：你为你的父母生日送过祝福吗？2. 还记得5月的第二个星期日是哪天？是什么节日吗？

学生回答后，教师总结：其实，是不是节日并不重要，重要的是自己平时与父母融洽相处，用实际行动来孝敬父母。听完大家的发言，接下来我们不妨放松一下，一起来听一首歌：《常回家看看》。

教师设置几个问题要学生回答：1. 听完这首动听的乐曲，是否也会在你的心房有一点触动呢？2. 想一想：如果说孝敬父母，我们必须做到哪些方面？

学生讨论后回答。教师总结。

四、课后活动

今天回去给父母洗一次脚，或捶一次背、揉一次肩，并在自己的日记上写下自己的感受。①

3. 结合范例，了解中学传统道德教育的基本内容，能够根据中学生的

---

① 参见 http://www.gkstk.com/article/1355374059683. html.

思想实际，选择其中的重点内容进行有针对性的教育，将传统道德教育纳入班级教育计划中。

4. 掌握适合青少年年龄特征、确保传统道德教育实效性的主要方法和途径。

5. 从思想上深刻认识传统道德教育的重要性并高度重视对学生的教育，将传统道德教育纳入班级教育计划中。

第二节　传统道德教育工作特点

作为学校德育的重要组成部分，传统道德教育既具有德育的一般特性，又有着区别于其他德育组成部分的独有的特点。班主任作为传统道德教育的主要实施者和组织者，只有掌握了传统道德教育的特征，才能运用富有创造性和个性化的德育方法，做好教育工作。

一、情感性

教育是面向人的工作。班主任在对学生进行传统道德教育时，面对的是一群有思想、有情感，有血有肉、活生生的年轻人，教师和学生之间只有产生了思想碰撞和情感共鸣才能出现有益且有效的师生互动，教育才能产生实效。而有效的师生互动的润滑剂无疑就是双方情感的交流和共鸣。所以，首先教育者就必须以满腔的热情投入其中。只有通过教师的爱，才能感染、激发学生的情感从而"亲其师，信其道"。一个真正热爱学生的教师，他（她）的整个生活是与学生的生活息息相通的，教师的情感贯穿在整个教育过程中。即便是最普通、最日常的教育工作，班主任总会以言语或非言语的方式对学生进行赞许、安慰或批评，学生在这一过程中能感受到班主任积极或消极的情感从而产生相应的认识和情绪。情感是班主任进行传统道德教育的灵魂。

二、时代性

德育是最具有历史继承性和阶级性的教育活动，带有鲜明的价值取向和时代色彩。随着社会的发展和时代的进步，青少年学生的思想状况和个人发展需要会发生相应的变化，尤其在互联网技术飞速发展的今天，青少年接受新鲜事物的速度之快、渠道之广和内容之多都是前所未有的。因此，班主任在进行传统道德教育时，不能拘泥于传统的说教和灌输，必须与当前时事、社会发展以及学生思想实际相结合，在传递优秀的传统道德的过程中，无论内容还是方法，都要反映时代的要求，烙上鲜明的时代特色。

三、创造性

"教学有法，教无定法。"面对鲜活的生命个体，永远没有一成不变、一劳永逸和放诸四海而皆准的统一、机械的教育模式。在进行传统道德教育的过程中，班主任不仅受外在的社会经济环境和政治制度的影响，而且受自身的理论素养、认识水平、能力高低和个人经历、性格气质等个人因素的制约，从而使得自己的教育风格呈现出独特的个性色彩，这种独具一格的教育风格实际上就是个体自身在教育实践中不断摸索、勇于实践的富于创造性的成果。同时，时代在变化，学生在发展，班主任还应创造性地运用传统道德教育方法，去其糟粕，吸其精华，不断创新。创造性是班主任有效开展传统道德教育工作的生命力。

四、技能教育 9 - 2

【教育内容】
认识和理解传统道德教育的基本特征。

【教育目标】
认识传统道德教育的基本特征，创造性地运用科学的教育理念和方法，勇于改革和探索，投入满腔的热情和爱心，抓住时代脉搏，与时俱进，让传统道德教育课成为深受学生喜爱和欢迎的德育课程。

【教育程序】
1. 理解传统道德教育的基本特征，从学生实际出发，创造性地开展富于时代特色的传统道德教育。
2. 提供范例。

案例 9 - 2 - 1

拨动情感的琴弦，打开心灵的窗户
——一堂"情感体验"活动课实录

一位老师上了一堂师生共同完成的"情感体验"活动课，效果出人意料的好！以下是课堂实录。

师：同学们，今天我们上一节情感体验课。上课前，我想先问一个问题，请大家如实地回答。这个问题是"在座的同学是否知道自己父母亲的生日？要说出具体的时间，记不得的如实说，我只想知道一个事实。"

生：……

师总结：看来，有些同学知道，有些同学不知道。一般来说，与父母感情比较深的，往往相处得比较融洽，自然父母的生日也能够记住了。

师：《我的母亲》作者老舍就清清楚楚地记得自己母亲的生日，请同学们翻开课文的倒数第2段，大家齐声朗读一遍。

生："去年一年，我在家信中找不到关于老母的起居情况。我疑虑，害怕。我想象得到，没有不幸，或家中念我流亡孤苦，不忍相告。母亲的生日是九月，我在八有半写去祝寿的信……我拆开信，母亲已去世一年了！"（学生齐声朗读）

师："我拆开信，母亲已去世一年了！"还用上了感叹号，母亲去世一年了自己还不知道，说明作者自己是多么的愧疚啊！

师：为何母亲去世一年了作者还不知道呢？

生甲：主要是当时信息传递不方便。

生乙：母亲对儿子有怨恨之情，不想告知自己的儿子。

生丙：自己老家只有母亲一人，没人告知作者。

师（讨论明确）：可见，文章字里行间流露出的不是母亲对儿子的抱怨、责怪，而是理解，是母亲在临走前都不想给自己孩子带来烦扰，体现了母亲对儿子的深情。看似乎平淡的语言却饱含深情！①

3. 结合案例，由分析案例体现的情感性特点入手理解传统道德教育的主要特点。

4. 能够根据传统道德教育的特点，有的放矢地对学生进行教育。

---

① 参见 http://www.ht88.com/article/article_ 2979_ 1. html. 佚名. 2005 - 7 - 29.

第三节　传统道德教育的基本原则

对学生进行传统道德教育应遵循教育的基本原则，并结合学生思想实际，有的放矢地进行。唯其如此，才能克服传统道德教育工作的一般化、公式化等弊病，使教育落到实处。

一、导向性原则

在进行传统道德教育过程中，要以马列主义、毛泽东思想、邓小平理论、"三个代表"重要思想为指导，坚持社会主义核心价值观，以正确的思想、政治、道德观念和价值取向为导向，引导学生形成良好的思想品德，坚定共产主义信念，树立正确的世界观、人生观和价值观。

二、主体性原则

学生是传统道德教育的主体。班主任要善于从实际出发，运用灵活的教育方法，充分发挥学生的主观能动性，引导学生科学、全面、正确地认识和分析各种社会道德现象；同时，要从学生的实际需要出发，精心组织实践活动，增强传统道德教育过程的趣味性、针对性和鲜活性，激发学生的学习兴趣和热情，有意识地通过各种教育性的活动和交往来培养和提高学生自我教育的能力，发展学生的良好个性。

三、实践性原则

教育性的活动和交往是学生思想品德形成和发展的基础。在传统道德教育过程中，教育者要引导和要求学生在学习、生活、劳动等日常行为活动中，认真履行学生守则和学生行为规范等道德准则，在活动中训练学生的道德行为。同时，教育者要全面分析学生所处的校园、班级、家庭和社会环境中的积极因素和消极因素，指导和帮助学生学会处理好自己与家人、朋友、他人的关系，为学生活动和交往创设良好环境。再次，教师应积极创造条件，组织丰富多彩的课内外活动，让学生走出课堂、走向社会，参加社会公益活动、军事训练、科技发明等社会实践活动，培养学生爱劳动的习惯、关心他人的意识、为人民服务的精神和开拓创新的能力，使学生在潜移默化中受到传统道德教育的熏陶。

四、整体性原则

学校的传统道德教育是一个有机统一的整体。在实施传统道德教育的过程中，教育者必须要有整体的布局和计划，统一教育各阶段的奋斗目标，保证各阶段之间的有机衔接。同时，教育者要从传统道德教育的整体目标出发，合理设置学校传统道德教育职能机构，做到统一指挥，明确分工。教育者还要正确处理好教学和传统道德教育的关系，以教学为中心，将传统道德教育有机融入并贯穿在整个教学活动中，为人师表，保持教育的整体协调一致。

五、渐进性原则

传统道德教育应该根据不同教育阶段学生的年龄特征和思想道德水平而确定不同的内容和要求。班主任要正确处理传统道德教育目标和学生发展的关系，对学生提出的要求要切合实际，从低到高，由简到繁，逐步加深和提高。同时，随着学生身心不断发展，其认知能力、知识水平和生活阅历都处在不断发展变化之中，他们对传统道德教育的需求也会与日俱增，班主任要不断调整教育目标，使学生的品德得到循序渐进的提高和发展。

六、差异性原则

在实施传统道德教育的过程中，学生会表现出来千差万别的个性特征，教育者必须首先了解和研究学生，把握学生的各种差异和各自特点，充分考虑学生的年龄特征、个性特点、思想倾向等因素，因材施教，采取有针对性的教育对策。比如，对骄傲自满有虚荣心的学生应慎用奖励，对其表扬时要适当地指出他（她）的不足或缺点；对懦弱，缺乏自信心的学生，则应运用奖励给以精神上的支持，委婉进行批评并肯定其优点，使学生树立争取进步的信心；对一时不能收到明显教育效果的"后进生"，要充满耐心和热情，注意抓时机、抓闪光点，正面引导。

七、技能教育 9 – 3

【教育内容】
掌握传统道德教育的主要原则。

【教育目标】

认识传统道德教育实施的基本要求，并能结合青少年学生的思想品德发展实际，在教育实践中加以贯穿和落实。

【教育程序】

1. 了解和掌握传统道德教育的主要原则，并在教育实践中贯穿始终。

2. 提供范例。

案例 9 - 3 - 1

这是一则班主任工作的案例，同样适用于传统道德教育实践。

在担任班主任期间，我利用青年教师这一年龄优势，在自己在学生中建立威信的基础上，与他们平等相处，融入他们的学习生活中，陪伴着他们，多谈心，让他们感受到老师对他们的体贴和关爱。功夫不负有心人，学生慢慢和自己贴心起来，我感受到了学生的真心：期末家庭素质报告册上学生写下了"谢谢老师陪我们跑操、陪我们自习，老师辛苦了，要注意身体"等朴实又感人的话。偶尔自习课不来，和班上学生说一声，绝大部分学生就会自觉地遵守纪律。我们班有一个特困女生，个性好强，表现积极乐观，给人一种向日葵一样清新阳光的感觉。但是家庭的贫困让她缴不起学费，买不起校服。班级学生开始对她议论纷纷。这个女生情绪突然低落，接连好几堂课都没有听。等学生把情况反映给我，已经下了晚自习。我跑到寝室，一个个寝室委婉地给学生们讲了特困女生的情况，并约定好第二天全班不再说这件事。随后又找到那个女生，和她谈心，要她坚强对待暂时的贫困。第二天我又向已毕业的学生要了几套校服送给她，班级学生素质很高，果然没有人再议论这个女生。后来一个星期我去查寝室，这个女生塞了一个苹果给我。我当时很激动，她给了我整颗心呀！以后班级里有学生犯了错，她会主动带同学们进行批评教育，班级有值日没做，她也会抢着做。她脸上向日葵般的笑容更加灿烂。①

3. 结合所学理论，分析案例中班主任主要运用的是什么原则。

4. 结合传统道德教育内容和特点，谈谈如何运用上述几条教育原则。

5. 加深理解传统道德教育的主要原则并自觉运用到教育实践中。

---

① http：//www.ht88.com/article/article_17043_1.html.2009 - 2 - 11.

第十章 社会主义核心价值观教育

社会主义核心价值观是对我国特定时期的社会主义核心价值体系的高度概括和总结，也是社会主义核心价值体系中心思想的具体体现。青少年学生作为国家的未来，对他们进行社会主义核心价值观教育可以引导其将社会主义核心价值观的理念既内化于心又外化于行，在认识和理解的基础上，通过实际行动来积极主动地践行社会主义核心价值观，增强自我教育、自我管理、自我服务的能力，最终养成高尚的思想道德品质。

第一节 社会主义核心价值观教育的内涵和意义

一、社会主义核心价值观教育的内涵

对青少年学生进行社会主义核心价值观教育，首先必须了解社会主义核心价值观教育的内涵。

党的十八大报告对社会主义核心价值观进行了二十四个字的高度概括，即"富强、民主、文明、和谐，自由、平等、公正、法治，爱国、敬业、诚信、友善"。这是对社会主义核心价值体系基本内容的高度凝练，是重要的理论创新成果，是社会主义内在本质和发展方向的集中体现，同时也是对广大人民群众的根本利益、价值目标和价值追求的客观反映。

"富强、民主、文明、和谐"是我国社会主义现代化国家的建设目标，也是从价值目标层面对社会主义核心价值观基本理念的凝练，在社会主义核心价值观中居于最高层次，对其他层次的价值理念具有统领作用。富强

即国富民强，是中华民族梦寐以求的愿望，也是国家繁荣昌盛、人民幸福安康的物质基础。民主是人类社会的美好诉求，我们所追求的民主其实质是人民当家做主，它是社会主义的生命。文明是社会进步的重要标志，也是社会主义现代化国家的重要特征，是实现中华民族伟大复兴的重要支撑。和谐是中国传统文化的基本理念，集中体现了学有所教、劳有所得、病有所医、老有所养、住有所居的生动局面，它是经济社会和谐稳定、持续健康发展的重要保证。

"自由、平等、公正、法治"是对美好社会的生动表述，也是从社会层面对社会主义核心价值观基本理念的凝练。它反映了中国特色社会主义的基本属性。自由是指人的意志自由、存在和发展的自由，是人类社会的美好向往，也是马克思主义追求的社会价值目标。平等是指公民在法律面前的一律平等，其价值取向是不断实现实质平等。它要求尊重和保障人权，人人依法享有平等参与、平等发展的权利。公正即社会公平和正义，它以人的解放、人的自由平等权利的获得为前提。法治是治理国家的基本方式，是社会主义民主政治的基本要求，是实现自由平等、公平正义的制度保证。

"爱国、敬业、诚信、友善"是公民基本道德规范，是从个人行为层面对社会主义核心价值观基本理念的凝练。它覆盖社会道德生活的各个领域，是公民必须恪守的基本道德准则，也是评价公民道德行为选择的基本价值标准。爱国是基于个人对祖国依赖关系的深厚情感，也是调节个人和祖国关系的行为准则。敬业是对公民职业行为准则的精神评价，要求公民忠于职守，克己奉公，服务人民，服务社会，充分体现了社会主义职业精神。诚信即诚实守信，是社会主义道德建设的重要内容，它强调诚实劳动、信守诺言、诚恳待人。友善强调公民之间应互相尊重、互相关心、互相帮助，和睦友好，努力形成社会主义的新型人际关系。①

引导和培育青少年学生理解、认同并自觉践行社会主义核心价值观是社会主义核心价值观教育的全部内容和重要使命。

二、社会主义核心价值观教育的意义

青少年学生处于人生观、价值观和世界观形成的关键时期，青春期尤

---

① 参见好搜百科，http：//baike.haosou.com/doc/4404826 - 4611849.html.

其是高中阶段的学生的思想认识和价值观念日趋成熟和稳定，但是毕竟作为未成年人，他们的思想意识仍具有较大的可塑性；同时，他们喜欢一切新鲜刺激，乐于接受新鲜事物，但是相应的道德判断能力和鉴别能力又有待培养和提高。所以，正确的教育和引导显得尤其迫切和重要，而彰显鲜明的时代发展特色，弘扬优秀的传统文化的社会主义核心价值观教育就显得格外意义重大。

1. 意识形态领域斗争的需要

每一个社会制度或同一社会制度下的不同发展时期，都有相应的核心价值观。只有用社会主义核心价值观教育广大学生，才能使其明辨是非，正确区分马克思主义世界观、人生观、价值观和各种非马克思主义甚至是反马克思主义世界观、人生观、价值观；才能使其排除干扰，驱除杂念，坚定信仰，认同并践行正确的价值观。

2. 社会转型的客观要求

目前我们正处于社会转型期，社会转型期通常也是整个社会价值观的反思、裂变、更新和塑造时期，市场经济鱼目混珠，不可避免地冲击影响着学生的价值观，使得他们产生诸多迷茫和困惑。同时，在社会负面因素影响下，一些学生政治信仰模糊、价值取向扭曲、功利思想严重、社会责任感缺失、重索取轻奉献、知行脱节等问题日益引起社会的关注和焦虑，无疑更是教育工作者必须正视并努力改变的现实。所以更加迫切需要用社会主义核心价值观对青少年进行引导。

3. 学校德育改革创新的呼唤

对青年学生的思想品德教育应该与时俱进，体现时代性。青少年学生作为身上没有历史烙印甚至包袱的年轻一代，他们充满理想、活力和激情，对党的理论创新成果反应快速，对党中央所提出的必须共同遵守的价值目标和行为规范容易接受。在适应社会发展、改革学校德育的呼吁声此起彼伏的今天，用社会主义核心价值观充实德育内容，引导学生培育和践行社会主义核心价值观应该成为德育改革和创新的重要突破口和切入点。

三、技能教育 10 – 1

【教育内容】

掌握社会主义核心价值观教育的主要内容。

【教育目标】

了解社会主义核心价值观的要素及其具体内涵和相互关系、地位等等，并能从青少年学生的实际出发，理解对于青少年学生的社会主义核心价值观教育所涉及的主要内容及其层次和序列。

【教育程序】

1. 学习有关文件，了解和掌握社会主义核心价值观的主要内容，有的放矢地对学生进行社会主义核心价值观教育。

2. 提供范例。

案例 10 - 1 - 1

纪念抗日战争胜利 70 周年教育活动

一、活动目的

利用纪念抗日战争胜利 70 周年这一契机，教育和引导学生牢记历史，树立理想，报效祖国，不断增强民族自尊心、自信心和责任心。

二、活动准备

搜集中国人民抗日战争图片及抗日战争英雄故事、歌曲。

三、活动过程

1. 宣布活动开始。

2015 年是中国人民抗日战争胜利 70 周年。在这样的日子里，我们在一年级教室里举行一次班队活动，活动的主题就是"感动抗日精神"。出旗仪式，宣布活动开始。

教师讲述：

70 年来，中国发生了翻天覆地的变化，我们的祖国已远离了战火。可是，我们不能忘记，70 年前日本帝国主义的铁蹄践踏中华大地所留下的斑斑血痕，不能忘记这场战争给中国人民带来的深重灾难。历史就是一部鲜活的教科书，它将屈辱深深地刻在中国人的脸上，也将仇恨深深地烙在人们的心中！（出示图片）

2. 让学生说说看图片后的感想。让学生自由说说也可讨论。

3. 教师：我们这里正好有南京大屠杀的录音故事，让我们去感受一下日本侵略者的残暴嘴脸。（听录音）

4. 让我们用歌声来表达自己的心声吧。（播放歌曲《歌唱二小放牛郎》）并学唱这首歌。

5. 老师讲述王二小的故事，学生说感受。

6. 小结：抗战八年，千千万万中国人手挽手，心连心，抛头颅，洒热血，用鲜血、用生命、用智慧筑起了一道钢铁长城，打得日本鬼子落花流水。人类热爱和平，世界需要和平！同学们，让我们从现在做起，从身边小事做起！树立理想，振兴民族，创造一个独立自主、繁荣富强、和平安宁的中国！

7. 在国歌声中结束这次队会活动。

集体起立唱国歌，教师宣布队会结束。①

3. 结合所学理论，分析案例中班主任进行的教育主要涉及社会主义核心价值观哪些方面的内容。

4. 结合案例并联系社会实际进行分析，理解和掌握社会主义核心价值观的主要内容。

5. 根据学生年龄特点和思想实际，确定对学生进行社会主义核心价值观教育时应该注意的重点和难点内容。

第二节　社会主义核心价值观教育的原则

社会主义核心价值观教育的内容涉及国家、社会和公民个人三个层面，内容丰富和复杂，班主任在对学生进行社会主义核心价值观教育时，必须遵循一定的教育原则。

一、社会主义核心价值观教育的原则

1. 主体性原则

在对学生进行社会主义核心价值观教育时，班主任不仅要注重言语说服、情感陶冶、行为示范，而且更应创造条件，让学生进行独立的行为练

---

① 参见 http://www.gkstk.com/article/1429272799350.html.

习，对学生在练习中所表现出来的各种行为倾向进行全面观察和及时反馈，启发学生自我感受、自我分析、自我实践，提高学生对正确价值观念和道德行为习惯的独立判断和选择能力，增强他们对社会主义核心价值观的领悟能力。

2. 层次性原则

社会主义核心价值观涉及国家、社会和公民个人三个层面的内容，青少年学生的社会主义核心价值观教育既要注意完整内容的层次性、系统性和规范性，又要考虑学生的年龄特点和认知水平，联系学生生活实际，由易到难，由简单到复杂，由具体到抽象，强调教育的层次化和序列化。

3. 主导性原则

在对学生进行社会主义核心价值观教育时，学生是教育的主体，因此，要充分调动学生的积极性，发挥学生的主观能动性。同时，不能忽视教师的主导作用。教师必须当好教育者和指导者，引导和教育学生加强理解，深化认识，对学生所表现出的行为进行检查、指导、督促和矫正，促进学生道德认识水平的提高和良好道德行为习惯的养成。

4. 理论联系实际原则

在对学生进行社会主义核心价值观教育时，班主任既要重视对学生进行系统的理论知识教育，引导学生加深对社会主义核心价值观内涵的理解，又要重视通过实践活动培养学生践行社会主义核心价值观的意识，做到表里如一、言行一致。

5. 一致性原则

青少年学生的社会主义核心价值观教育是一项系统、复杂的工程，单纯依靠学校是远远不够的，必须结合社会和家庭的配合，对学生的日常行为进行指导、检验、督促。学生对社会主义核心价值观的践行效果还必须结合从社会和家庭获得的反馈信息进行检验，因此班主任要经常积极主动地加强同社会和家长的联系，保障各方面教育的协调一致，发挥教育的合力。

6. 个人修养和榜样示范相结合原则

班主任要通过创设具有教育意义的情境和组织有教育意义的活动，潜移默化地培养学生对社会主义核心价值观的理解和感悟能力，提高学生的个人修养；同时要以他人的先进思想、优良品质和模范行为来影响学生。

尤其要善于选择与本班学生年龄相当、社会地位大体相近的榜样，用榜样的崇高和伟大激起学生对榜样的敬慕之情和效仿效应，促进学生养成积极践行社会主义核心价值观的良好行为习惯。

二、技能教育 10 - 2

【教育内容】

掌握社会主义核心价值观教育的主要原则。

【教育目标】

了解青少年学生的社会主义核心价值观教育的主要内容和青少年学生身心发展的规律，从学生实际出发，理解并运用对于青少年学生的社会主义核心价值观教育所必须遵循的原则。

【教育程序】

1. 学习有关青少年学生的社会主义核心价值观教育的主要内容，了解学生的年龄特征和身心发展规律尤其是思想品德的发展规律，在教育实践中遵循相应的教育原则。

2. 提供范例。

案例 10 - 2 - 1

主题班会：畅想未来，耀我中华

一、设计背景

国庆节就要到了，以此为契机，通过回顾革命先烈事迹，了解祖国的发展变化，增强对祖国的热爱，把自己的成长同祖国的命运结合起来，能认识到自己肩负的历史使命，明确自己前进的方向。

二、活动目的

1. 通过活动使学生了解社会主义建设的伟大成就，让学生更加热爱自己的祖国；

2. 通过活动增强民族自尊心、自信心和自豪感；

3. 通过活动让学生知道爱祖国可以从身边的小事做起，同时鼓励学生努力学习，立志长大后报效祖国。

三、活动准备

多媒体课件，串联词，节目若干，心形红纸 30 张。

四、活动过程

第一部分：峥嵘岁月

PPT 呈现革命先烈的图片，回顾历史。

第二部分：我们的自豪

PPT 呈现新中国成立以来发生的翻天覆地的变化。

第三部分：歌颂祖国

1. 朗诵诗歌：《我亲爱的祖国啊，我为你自豪》

2. 演讲：《歌颂祖国》

3. 夸一夸我们的祖国：各小组用 PPT 的形式来展示祖国的骄傲。

4. 歌曲：《我的中国心》

第四部分：畅想未来

1. 讨论：如何用实际行动来表达我们的爱国之心呢？

2. 写承诺书：如何以实际行动来表达自己对祖国的爱？

3. 班主任小结。（略）

4. 唱队歌《共产主义接班人》。

班主任说明：中学生正处于长知识阶段，思想活跃，乐于思考，对新鲜事物充满强烈的好奇心；同时，他们精力充沛，有强烈的求知欲望，对抽象和空洞的说教不感兴趣。因此我在会前组织学生从各方面寻找材料来夸夸我们的祖国……会上同学们夸了残奥会，奥运会，神舟七号，家乡的桥，长城，中国的美食，汶川地震中中国人的坚强和团结。

在查找资料和制作 PPT 的过程中，学生既当主人、又当参谋，不由老师包办代替，虽然有的不够成熟，但却是学生真实思想和水平的反映。

形式的多样性和生动性：介绍革命先烈，演讲，讨论，成果汇报，文艺表演和写承诺书。因为只有多样化，才能适应青少年学生的特点，为他们所喜闻乐见，满足他们求知欲、增长才干、抒发思想感情、关心时事政治和走向社会等多方面的需求，从而调动其积极性，使他们受到教育和锻炼。①

---

① 参见 http://www.789zx.com/fwdq/ztbh/201201/88729.html.

3. 结合所学理论，分析案例中贯彻了哪些教育原则。

4. 分析班主任的说明，思考如何在教育活动中体现和贯彻这些教育原则。

5. 掌握每条原则的具体要求，自觉运用于教育实践。

第三节　社会主义核心价值观教育的途径

对学生进行社会主义核心价值观教育，教育者除了掌握一般的教育原则外，还要了解实施教育的有效途径，只有这样，才能保证教育活动具有针对性和有效性，避免盲目性和低效性。

一、社会主义核心价值观教育的途径

1. 专门学科教学

社会主义核心价值观教育的一个重要平台是《思想品德》学科教学。为了更好地进行社会主义核心价值观教育，每个学段、每个年级的课程都应涉及社会主义核心价值观中的一些关键观点，如荣辱观、爱国主义精神等，但每个阶段的针对性可以有所不同。例如，在学习社会主义荣辱观中的"以团结互助为荣"时，可以让低年级学生观察学校生活中团结互助的例子，体会团结互助的好处；到了高年级，就可以在更复杂的水平上来讨论团结互助，因此，利用《思想品德》课进行有系统、分层次的教学是社会主义核心价值观教育的主要渠道与途径。

2. 各科教学

社会主义核心价值观教育应该结合和贯穿到各门学科的教学之中。在目前我国的中小学，各科教学是最基本的德育途径。因此，在各个学科教学中，教师应该有意识地结合教学内容培养学生的社会主义核心价值观。例如语文课可以通过诗歌、小说和戏剧等文学形式，引导学生学习本国文化传统，探讨人类社会的各种现象和问题，通过阅读、表演、复述和评论等方式，形成文化认同和民族意识；历史课可以通过引导学生追溯我国国家制度的形成和发展进程，了解我国社会政治、经济、文化和外交的历史，从而激发民族精神、爱国热情和公民意识等等；自然科学在培养学生的科学和创新精神，引导学生思考科学技术的伦理价值问题，形成自由、平等、民主、和谐的价值观等方面具有其他学科不可替代的优势。

3. 校园文化

校园文化包括学校的办学传统、校风和班风、师生关系、学生的各种社团活动和校内外活动等等，是影响学生价值观形成的重要的隐性因素。通过各种活动，可以引导学生参与社会实践，了解社会生活，增进对公平合理、团队协作和尊重理解等概念的认识，培养责任感。学校风气是一种氛围，良好的人际关系、健康、开放、积极的学习风气、管理风格、办学理念等，都可以在潜移默化中提升学生的思想境界。同时，教师的教学活动及其与学生的关系和互动等，都会影响学生价值观的形成。因此，必须通过丰富多彩的校园文化引导学生树立正确的价值观念，追求高尚的人生理想。

二、技能教育 10 – 3

【教育内容】

掌握社会主义核心价值观教育的主要途径。

【教育目标】

了解青少年学生的社会主义核心价值观教育的主要内容和青少年学生身心发展的规律以及中小学的教学实际，用社会主义核心价值观教育的基本原则做指导，寻求和探索科学而有效的教育渠道与途径。

【教育程序】

1. 学习和了解有关青少年学生的社会主义核心价值观教育的主要内容、学生思想品德的发展规律以及相应的教育原则，结合教学实际进行有效的社会主义核心价值观教育。

2. 提供范例。

案例 10 – 3 – 1

"法制在我心中"主题班会

一、班会设想

教育青少年要知法懂法，更要学会用法，争做一个懂法守法的好学生、好公民。

二、班会目的

1. 通过此次主题班会活动，让学生了解一些基本的法制知识，提高学生的法律意识。

2. 通过对安全知识的交流与训练，让学生了解一些基本的安全常识以及自我保护的方法，学会如何在生活中进行自我保护。

三、活动设计

针对学生的年龄段特点，开展竞赛会更有兴趣，因此班级学生分成两组，且通过丰富多彩的活动，如情景剧、小品、歌曲、积累名言等，寓教育于活动中。

四、班会总结

通过本节班会，同学们对于法律法规有了了解和认识，增强了法律意识，能自觉遵纪守法，增强是非观念，养成良好的行为习惯，对良好班风的形成起到了一定的作用。

五、活动过程

（一）主持人导入

（二）学生活动

1. 了解什么是法律及违法犯罪

2. 交流关于法律的名言

3. 介绍你所知道的法律名称

4. 判断下列行为属于哪种违法行为

5. 小品《踢球》

6. 你还知道哪些行为是违法的

7. 聆听少年犯主题曲《心声》

8. 交通安全知识竞赛

9. 欣赏小品《抢钱》并谈谈感受

10. 归纳如何增强自我保护意识

（三）班主任总结

（四）齐唱《明天会更好》①

---

① 参见 http://www.789zx.com/fwdq/ztbh/201205/94736.html.

3. 结合所学理论，分析案例中实施教育的主要途径。

4. 通过案例分析，了解教育途径的基本特点和要求。

5. 通过比较分析，能够根据教育内容和学生实际，有的放矢地选择和采用适当的教育途径，实施有效的教育。

第十一章 组织主题班会、指导团队活动

第一节 组织主题班会

一、主题班会的意义

主题班会是对学生进行教育的专门班会，是在班主任指导下，由班委会组织领导，针对班上的某一倾向性问题，全班同学围绕一个主题开展活动而召开的班级会议。它既是班主任运用班集体对学生进行教育的一种重要形式，又是中小学生进行自我教育的一种有效途径。其作用具体表现在：

1. 有利于提高学生的认识能力

主题班会都有一个明确的教育主题。这个教育主题都是为了提高学生的认识水平而确立的。班主任通过主题班会，可以强化、提高学生对某个问题的认识，提高学生的道德判断能力。

2. 有利于学生进行自我教育

首先，主题班会的主题具有明确的教育意向。在全班每个学生围绕主题，联系自身、同学、班级实际以及他所了解的社会历史、现实、未来进行深入思考的时候以及学生之间相互讨论、辩论、交流、表演等，以不同形式表达自己的意见和态度的时候，实际上学生们就在进行着触及灵魂深处的个体的自我教育和集体的自我教育。

其次，主题班会从主题的酝酿到确立，从形式的设计到实施，都是发动学生共同参与的，从而极大地调动了学生主体的能动性，增强了学生自我要求、自我完善、自我进取的愿望，取得了自我教育的效果。

3. 有利于班集体的形成和巩固

主题班会可以产生凝聚力，起到形成和巩固班集体的作用。组织得当的主题班会，可以促使全班学生的认识目标趋于一致，这是班集体形成和巩固的基础。同时，在主题班会的进行过程中，学生的主人翁意识得到增强，为了集体的荣誉，大家齐心协力，协调一致，产生出巨大的集体凝聚力和向心力，更加促进了班集体的团结。

4. 有利于学生能力的培养

有经验的班主任总是把主题班会的意图告诉学生，让学生"唱主角"，自己只在关键处点拨指导，而不包办代替，使主题班会为学生培养多种能力提供机会。学生确立主题并由此引发思考，独立设计、组织、实施整个活动，整个过程都有助于学生的思维能力、语言表达能力、组织能力、活动能力和创造能力的锻炼和提高。

二、举办主题班会的原则

为了保证主题班会的教育效果，班主任在指导学生设计、组织、召开主题班会的过程中，应遵循一些基本原则。

1. 目的性原则

设计主题班会最重要的一点，就是抓住班上主要的、大家又感兴趣的问题，明确目的，确定主题。主题班会的目的必须服从于教育目的和班级教育目标，促进学生整体素质和个性全面而充分地发展。从大的意义上讲是要对学生进行教育，从具体要求上讲，要明确教育什么，教育到什么程度。因而，班主任要注意主题本身应具有深刻的教育性，切忌搞形式走过场。

2. 时代性原则

主题班会的主题内涵，围绕主题所确定的内容以及活动的全过程都要符合时代要求。因此，班主任必须认真研究，把握时代特点和要求特别是社会转型时期学生身心发展的新特点，指导学生设计出学生自己容易接受并且乐意接受的主题班会，以达到理想的教育效果。

3. 针对性原则

主题班会的主题应有的放矢，主题的选材、班会的形式应依据学校教育目标和学生的实际情况来安排。因此，班主任必须事先摸清学生的思想状况，了解学生的道德认知水平，使班会活动的开展，既不落俗套、走马观花，又不会变成"变相补课"，而是新颖别致，充满生机，全体学生都十分乐意并主动参加。

4. 主体性原则

主题班会是在班主任组织领导下，全体学生共同参与的活动。因此，应引导学生积极主动地投入班会活动。班主任必须充分尊重和信任学生，善于发挥每个学生的积极性和特长，让学生在活动中有岗位、有职责，当家作主，动手动脑，有相对的自主权和发言权。

5. 情境性原则

主题班会的地点应精心选择、设计、布置，使之生动活泼，具有典型性和艺术性，以增强活动的感染力和教育效果。因此，班主任应根据主题的内涵指导学生选择、设计、布置班会举行的环境，以环境突出主题、烘托主题、深化主题，力争以景育人。当然，环境的选择、设计和布置必须考虑实际情况，切忌舍近求远、铺张浪费。

上述原则是相互联系、相互影响的，在贯彻运用时要注意综合性、整体性和创造性。

三、主题班会的类型

主题班会的种类多种多样：既可以紧密配合当前形势和任务拟定主题，又可以根据学校统一的教育要求和班级实际情况拟定主题，还可以针对班级学生中有倾向性的思想问题拟定主题。具体来说，主要有以下几种类型。

1. 季节性主题班会

它是在一年的时令、节日与纪念日里开展的主题班会。这类班会有一定的规律性，时间固定，年年重复。长期以来，有许多节日、纪念日已经在人们心目中直接成为了爱国主义和革命传统的象征，也已经在学校中成为向学生进行爱国主义教育、革命传统教育、共产主义理想教育的最佳时机。如在端午节进行的以"由屈原想起的……"为主题的爱国主义教育，在"五一"进行的以热爱劳动和热爱劳动人民为主题的劳动教育，在"六一"以立志为主题的教育，在"七一"以热爱党为主题的革命传统教育，在"十一"以国庆为主题的爱国主义教育，等等。

2. 教育性主题班会

它是班主任针对班上学生中普遍存在的某一共同性问题而组织、设计的教育性较强的主题班会。其特点是针对性强，能及时抓住班上学生的思想动态进行教育。学生在学习、生活、成长、发展的过程中，不可避免地会遇到各种各样的问题，如不懂得珍惜时间、珍惜人生，不会抓紧时间进行学习，不懂得人生的真正价值，不懂得什么是幸福，不会处理人际关系以及个人与社会的关系等等。这些都可以成为班会的主题。教育性主题班会的要求较高，一般说来不宜过多，一学期安排一至两次为宜。

3. 模拟式主题班会

根据社会和班集体在一定时期的教育要求，通过设计、模仿某种具体的生活情境，组织学生扮演生活中的某种角色，让他们身临其境地感受到生活的丰富多彩和绚丽多姿，从中受到感染、启迪、教育的主题班会。其特点是情境性和模仿性强。如组织设计以"少年法庭""道德门诊""在公共汽车上""小邮局""小银行""一日班主任"等为主题的班会，引导学生通过模仿角色经历事件，从而丰富阅历和经验，增长知识和才干，逐步培养起适应社会和改造社会的能力。

4. 知识性主题班会

寓德育于文化科学知识的学习过程之中，使学生既受到深刻的思想品德教育，又获得一定的科学文化知识。其特点在于知识性强。如设计以"学海初航品甘苦""方寸天地趣无穷""作文 A、B、C"等为主题组织班会，用科学知识来充实、丰富主题班会的内容，激发学生热爱科学、为了祖国的美好明天而努力学习科学的愿望和热情。

5. 假想性主题班会

根据中小学生的好奇心强与富于幻想等特点而组织开展的一种主题班会。其特点是虚虚实实，充满想象；异想天开，突破常规；求新好奇，探索未来。假想性主题班会对青少年学生颇具吸引力。如设计以"二十年后的我……""祖国的昨天、今天、明天""太空世界任我游"等为主题的班会，可以培养和提高学生的创造力和想象力，引导学生创造性地想象美好的未来，并把这种想象转化成为实现未来目标而努力奋斗的实际行动。

6. 实践性主题班会

指组织学生接触社会，了解社会，以参加社会实践活动为主题组织的班会，其特点是具有较强的社会性和实践性。比如以"在希望的田野上""雷锋在我们的行列中""成功在于实践"等为主题组织班会，可促进学生把理论同实践结合起来，并在实践中培养应有的社会责任感和义务感。

7. 系列性主题班会

围绕一个总的教育主题开展多层次、多侧面的相互关联的多次完成的主题班会。其特点是，在一个相对长的阶段里，围绕一个主题，用班会的形式把若干次分主题活动有顺序地加以组合和串联，有计划、分步骤地引导全班学生开展活动，对他们进行综合的、系统的、立体的、开放的、全面的、长期一贯的教育。如以"你、我、他，都是家乡一朵花"为总主题，可设计以"今日家乡在腾飞""家乡，请听我们的报告""为了家乡，我愿……"为分主题的展览、访问、演说、实地考察等活动，培养学生热爱家乡、热爱家乡人民和为建设家乡作贡献的美好思想和情感。

8. 即兴性主题班会

指班主任利用教学实践过程中具有突出教育意义的偶发事件来组织的相应的主题班会；或在进行有关的思想品德教育之后，由学生自己在规定时间内准备充足的活动素材，确定某一教育主题，自己主持召开的主题班会。其特点是准备时间短，教育针对性强。在我们日常的生活和教育工作中，常常会出现工作计划中并没有预先安排的、班主任预料不到的偶发事件，或出现对学生进行教育的有利机会。因此，班主任应该具有较高的教育机智，善于抓住有利的教育时机，做好教育工作。

四、主题班会的要求

1. 目的明确，主题鲜明

主题班会的"主题"，好比一支曲子的基调，是用来定音的，因而选好主题是主题班会成功的前提和关键。主题的确定要从实际出发，既要有助于班集体的形成与发展以及每个班级成员的发展与进步，又必须是班内大多数学生共同关心和感兴趣的话题，能激发学生的兴奋点，具有思想性、知识性和趣味性，并有一定的深度，能细嚼滋味，富有哲理。题目的表述要明确、简洁、醒目，富有吸引力，并能成为班集体中某个阶段的行动口号。为此，班主任必须注重调查研究，了解学生的心理倾向，有目的、有计划地组织主题班会。

2. 联系实际，针对性强

主题班会主要是根据学生的身心发展特点、思想发展水平，结合学校、家庭和社会生活实际，针对学生在思想、道德、学习、生活等方面的现状或出现的问题，广泛选取题材，进行筛选、提炼、设计、组织，及时对学生进行教育。所以班主任必须注重其针对性，及时组织主题班会。如针对高一年级新生，组织"崭新的生活，激烈的竞争——谈高中生活打算"畅谈会，以组织班委会为契机，设计"假如我是班长"的演讲会等等。

3. 形式新颖，环境育人

好的主题班会必须有好的形式来表现。班主任一旦确定了班会主题，可采取灵活多样、新颖活泼的班会形式，如演讲、报告、竞赛、座谈、辩论、参观、访问、春游、诗歌朗诵、相声小品表演、歌舞节目等。选择标准有两条：一是有利于表现主题，突出主题；二是有利于更多的学生去参与，发挥学生的积极性，增长学生的才干。

为了使班会主题给活动者一个鲜明、深刻的"第一印象"，引起情感上的共鸣，增强活动效果，班主任必须注意会场环境的布置。比如，如果在教室举行主题班会，那么黑板上的字能起画龙点睛的作用，很好地展示主题。可根据主题类别是庄严肃穆还是轻松活泼，选用不同的字体、色彩和花边图案来装饰黑板，表现主题。座位一般要根据班会内容和活动方式的不同，排列成半圆形、椭圆形或扇形，以免气氛显得拘谨。至于墙壁，则可张挂图片，或张贴名言警句，或展示学生的书法、美术、手工、摄影作品，但应本着服务主题、渲染气氛的宗旨，宜精勿滥。例如，设计一个以环境美为主题的班会，黑板上用暖色调为主的色彩和活泼流畅的字体，展示出班会主题："让我们的空间更美丽。"讲台边沿摆放着几盆含苞欲放的鲜花。教室的两侧墙上，张贴着学生亲手创作的图画与书法作品。教室后墙的黑板上有一期特刊，其中有"二十组美与丑的对照"的漫画。座位呈椭圆形排列。如此布置，对班会的主题起到了很好的烘托作用。

4. 全班动员，分工合作

主题班会的特点是具有集体性。全班学生参与活动的积极性和主动性是保证实现主题班会教育目标的重要前提条件，其要求应贯穿于整个活动的各个环节之中。为此，班主任要明确提出具有强烈时代性和针对性的主题，分析活动的价值，设置富有感染力的教育情境，选用新颖有趣的活动形式，引导学生积极主动地参与活动。在活动中充分尊重和相信学生，放手发动学生，给每一个学生以动脑、动口、动手的锻炼机会，发挥学生的特长。特别是对于后进生、班集体观念淡薄的学生和具有特殊才能的学生，更要为他们创设表现、锻炼和受教育的机会，使他们在活动中增强责任感、自尊心和自信心。

5. 组织严密，逐项实施

班主任在组织主题班会时，应注意活动的设计、动员、准备、实施、总结的全过程丝丝入扣，环环相连。特别是在活动中，要适时指导和引导学生紧紧围绕主题展开。若以文艺形式表现主题，可用诗歌或串词把一个个节目连贯组合起来，使主题集中鲜明，结构紧凑有条理。主持人的讲话或串词，要紧扣题目，内容充实，感情丰富，富有感染力和鼓动性。

6. 及时总结，巩固成果

主题班会将要结束时，主持人一般会邀请班主任作小结。小结应中心突出，肯定成绩，总结经验，指出不足，言简意赅，具有启发性和鼓舞性，给活动成员留下鲜明而深刻的印象。会后，班主任除及时检查教育效果之外，还可要求学生将本次主题班会写成日记或作文，出刊，组织相应的社会实践活动，使学生的思想收获得以巩固和提高。

五、技能教育 11 - 1

【教育内容】

设计主题班会。

【教育目标】

1. 了解主题班会的意义和它的类型。

2. 明确主题班会组织过程原则与要求。

3. 能联系实际设计一个完整的主题班会。

【教育程序】

1. 学习有关理论，了解主题班会的意义和类型，掌握组织主题班会应遵循的基本要求。

2. 提供范例。

案例 11 - 1 - 1

为了培养学生诚信的品质，我班由学生设计了一个自助式买卖文具盒，取名"诚信种子盒"。"诚信种子盒"放在教室一角，由生活委员采购一些学习用品放在里面，学生可自助投币购买，完全靠自觉和诚信。

一日，生活委员慌张地跑来对我说，他在核对上月账目时发现少了5元钱，并一脸不悦地嘟囔说："班里有同学不诚信。"德育无小事，我也很急切地想解决问题，但是盲目地盘问只会让事情陷入尴尬的局面；另一方面，5元钱事小，但是诚信品质的教育更为重要。于是，我暂时放弃追查此事，选择等待，并开始思考如何借机在班级召开一堂和诚信有关的班会。

关于诚信主题的班会我了解过不少，有的通过班主任讲述古今诚信小故事让学生感悟诚信，有的通过假设生活中没有诚信而引发的一系列后果让学生联想、对比去珍惜可贵的诚信品质。如何结合七年级学生的心理特点以及我班的实际情况，开展一次既深入学生心灵又有实效的班会呢？

最终，我决定从班级这个"偶然"事件入手，谈谈诚信的"必然"。我希望学生通过体验感悟诚信和不诚信带来的不同影响，从而知道诚信的重要性，最终能知行合一，从身边的小事做起，养成诚信的道德实践能力，建设班级诚信文化。

在班会开始前，便随轻音乐滚动播放学生在家联本上写的班级与诚信有关的人和事例。班会伊始，先由生活委员上台向全班汇报当月"诚信种子盒"的运营情况，当然也提出运营中少了5元钱的事情。

我故作镇定地说："虽然少收了5元钱，但加上盈利还是成功运营的。"接着，我向学生表示了祝贺并提问："我们班的自助文具盒成功运营的条件是什么？"由此抛砖引玉引出班会的主体——诚信。

我问学生："你们认为什么样的人是诚信的？诚信行为的表现有哪些？"

学生七嘴八舌，踊跃发言。有的说诚信就是说话算数，不吹牛；有的说诚信就是老实做人，不欺骗……

我认真倾听，适当小结，归纳出诚信的重要含义：实事求是和言出必行。教室里先是一片寂静，然后有学生感叹："实事求是才是王道呀！"

最后主题班会在热烈的掌声中结束。我对学生说："今天的班会只是一个开始，希望大家能够经常对照班级诚信公约自查自己的行为，心中时刻有诚信的信念，做一个坦荡荡的君子。"①

---

① 蔡洁晶. 老生常谈话"诚信"［J］. 班主任，2014（6）.

3. 结合案例，独立分析案例所述主题班会成功的经验和存在的问题。

4. 根据组织主题班会的原则和要求，独立设计一个庆祝国庆节的主题班会活动计划。

5. 以小组为单位相互评价独立分析的结果和独立设计的计划。

第二节　指导团队活动

共青团、少先队是我国先进青年和少年的群众性组织，是学习共产主义的学校。指导团队活动是学校教育工作不可缺少的组成部分。共青团员和少先队员是班级各项活动的积极参加者和支持者，是协助班主任开展好各项工作的得力助手。

班级团队组织受学校党、团队组织的直接领导，它与班级工作相比具有相对的独立性。班主任的工作是具体指导班级团队组织开展活动。班主任根据团队组织的特点，积极支持和引导团队组织开展丰富多彩的活动，这对于形成良好的班风、班纪，建立良好的校风，团结全体学生努力学习科学文化知识，培养学生在学习、活动、劳动、社会工作方面的组织性和纪律性，引导学生树立正确的人生观、世界观和远大理想，都具有十分重要的意义。

一、指导团队活动的基本原则

1. 活动性原则

开展丰富多彩的团队活动，是增强团队组织的凝聚力和吸引力的主要途径，是团支部、队委会的基本工作方法，也是班主任工作的重要内容。团队活动主要包括教育活动、主题活动、公益活动、文体活动、社会实践活动和团队月会等内容。

2. 针对性原则

由于每个团队员思想基础、个性特点、家庭影响、社会环境、主客观努力等因素不同，所以班主任在指导团队活动时，在活动方式和要求程度上要因人制宜，区别对待。

3. 创造性原则

为了适应知识经济发展的要求，团队活动要注重培养学生的创新素质，提高学生的创新精神和实践能力。班主任在指导团队活动时，应该重视充分发挥学生的聪明才智，激发学生的好奇心和求知欲，提高学生独辟蹊径、别出心裁地分析问题和解决问题的能力。

4. 自我教育原则

班主任通过团队活动，指导团队成员阅读青年修养书籍，访问先进模范人物，组织参观、专题讨论，指导学生加强自我修养，提高学生自我教育的能力，引导学生学会实事求是地认识、分析、评价自己和他人。

5. 趣味性原则

儿童和青少年学生的兴趣广泛且多变，他们求知欲非常旺盛，容易接受新鲜事物。所以，团队活动的内容、形式及组织的全过程，都应该从团队成员的心理特征出发，力求主题鲜明，内容丰富，形式新颖，气氛感人，使团队员感到新奇、好玩，喜欢参加。为此，班主任在指导团队活动时，要精心设计，坚持在活动中以理服人，以情动人，以美陶冶人，以趣吸引人，甚至运用"保密"手段加强活动的趣味性。

二、指导团队活动的主要内容

1. 指导团队组织制订活动计划，明确具体活动任务和内容，选择活动的形式和方法

实践证明，一个班里的团队活动开展得好，这个班就有活力，团队员的凝聚力就强。否则，班上会死水一潭。因此，班主任要帮助团队组织制订活动计划，对团队组织一学期（或一学年）要开展什么活动，采取什么方式，需要做什么工作，活动中可能会出现什么问题，什么问题团队员可以独立解决，什么问题需要班主任指导帮助解决等，班主任都要全盘考虑，做到心中有数。

2. 指导团队组织实施活动计划

（1）指导团队组织建立、健全团支部和队委会，选好团队干部。

（2）指导团队组织做好团队成员的思想教育工作，提高青少年儿童对团队组织的认识，发挥团队成员在班集体中的先锋模范作用。

（3）指导团队组织积极地、有计划地发展和吸收团队员，做好组织建

设和发展工作。

（4）指导团支部、队委会加强自身建设，处理好团队日常工作。

（5）指导团队成员对团支部和队委会干部的工作实行正确的监督等等。

3. 协调好团队活动和班会活动之间的关系

团队组织有自己独立的活动，但并不意味着不受班集体活动的影响和约束。离开了班集体，团队活动就失去了其教育意义。因此，班主任要教育指导班委会干部和团队干部相互沟通、相互支持，使团队活动和班会活动协调统一，趋于一致，促进团队活动和班会活动的健康开展。

4. 指导团队成员在活动中发挥模范先锋作用

共青团、少先队对广大中小学生的教育力量和吸引力，来自它本身的先进性。而这种先进性又主要是通过团队活动和团队成员在活动中的模范先锋作用具体表现出来的。因此，班主任应引导和帮助本班团支部、队委会做好团队成员以及积极要求进步的学生的思想工作，使他们成为团队活动和班级工作中的核心力量，团结全体同学共同进步。

三、指导团队活动的四个阶段

团队活动的大致过程可分为四个阶段，即动机激发阶段、准备阶段、实施阶段和总结巩固、落实行动阶段。这些阶段相互联系，相互衔接，只要组织得好，每个阶段都可以成为一个相对独立的教育过程。强烈的活动要求和兴趣，是直接推动团队成员自觉积极地、情绪高昂地参与活动的内部动力。班主任要指导团队干部做好活动前的思想动员，提出诱人的、振奋人心的奋斗目标，讲明活动的价值和意义，设置一定的问题情境，利用团队员们的好胜心、竞争心、求赞许等特点，激发他们对活动的兴趣和好奇心，从而产生强烈的参与活动的愿望。在准备阶段，班主任要指导团队干部掌握团队成员的思想动态，确定活动主题和目的；制订活动的具体计划；安排好活动分工，进行必要的技能技巧训练，准备好活动器材；确定活动时间和场地；如果是主题性活动，还要指导选拔主持人等。在实施团队活动计划的过程中，班主任要引导团队成员，把事先准备的不同形式的"节目"有机统一起来；指导他们自己主持、指挥活动开展；帮助他们创造性地合理解决活动过程中遇到的各种问题。在活动结束时，除班主任做有教育意义的总结发言外，还应帮助团队干部认真总结经验教训，肯定成绩，找出不足，逐渐认识活动开展的规律性，提高团队组织自己管理自己、自己教育自己的能力，使团队活动的效果得以巩固和发展。

四、技能教育 11 – 2

【教育内容】

指导团队活动。

【教育目标】

1. 了解团队活动的意义以及班主任在团队活动中的地位和作用。

2. 理解指导团队活动时应遵循的基本原则，掌握指导团队活动的步骤，并能联系实际，灵活运用。

3. 能具体、灵活并创造性地运用理论知识，指导团队组织开展丰富多彩的活动。

【教育程序】

1. 学习有关理论，熟练掌握指导团队活动的意义、原则和方法。

2. 提供范例。

案例 11 – 2 – 1

主题活动：孩子，你幸福吗?

一、活动目标

1. 让学生学会感受身边的幸福，提高幸福感。

2. 让学生学会调整心态，珍惜幸福，做一个幸福少年。

3. 指导学生学会追求幸福、创造幸福，建立幸福、给予、创造等正确的幸福观。

二、活动过程

(一) 你幸福吗

多媒体课件播放 2012 年中秋、国庆双节前期，央视推出的特别调查节目"幸福是什么"街头采访片段。

看完后，我问孩子们：你幸福吗？如果幸福指数是 100 分，你给自己打多少分？

通过这个环节，我发现大多数孩子给自己的幸福指数打分不高，他们的理由归纳如下：（1）没有自由，在家父母管，在校老师管；（2）学习压力大；（3）因学习成绩不理想而烦恼；（4）没有更多的钱，不能想买什么就买什么……

（二）幸福在这里

1. 感悟幸福

播放两组课件，对比感悟谁幸福。

第一组课件：有关饥饿、贫困、战乱等图片。

让学生联系自己的生活、学习。孩子们通过对比、交流，很快就领悟到和这些人比起来，他们像生活在天堂，但之前并没有感觉到。

第二组课件：晒晒我们的生活——老师"悄悄"拍下的他们在校园的剪影。

学生交流感受，体会幸福。

2. 珍惜幸福

（1）分享身边的"小幸福"

多媒体课件展示多组生活图片：幸福是母爱、美食、微笑……

冥想练习：伴随音乐，请大家闭上眼睛，回忆学习、生活中的美好瞬间，然后用一句话来表述这些"小幸福"是什么。

学生交流、分享。

（2）体验幸福是什么

心理体验活动：我们一生中有很多想要拥有的东西，比如：健康、亲情、爱情、友情、自由、财富等等，请把你认为最重要的五样东西按先后顺序写出来，带上你的心情投入其中，再一样一样地删除。

（3）幸福每时每刻都在我们身边

师：同学们，与这个世界上许多遭受过与正在遭受灾难的人相比，我们是无比幸福的，每天我们都在经历着许多温馨、幸福的瞬间。请看著名作家魏巍在《谁是最可爱的人》中写的这样一段话。（多媒体课件展示）

亲爱的朋友们，当你坐上早晨第一列电车走向工厂的时候，当你扛上犁耙走向田野的时候，当你喝完一杯豆浆，提着书包走向学校的时候，当你安安静静坐到办公桌前计划这一天工作的时候，当你向孩子嘴里塞着苹果的时候，当你和爱人悠闲散步的时候，朋友，你是否意识到你是在幸福之中呢？你也许很惊讶地看我："这是很平常的呀！"可是，从朝鲜归来的人，会知道你正生活在幸福中。请你们意识到这是一种幸福吧，因为只有你意识到这一点，你才能更深刻了解我们的战士在朝鲜奋不顾身的原因……

3. 追求幸福、创造幸福

（1）幸福不仅是拥有，给予他人帮助也是一种幸福

多媒体课件出示一份资料：招远市九旬拾荒老人刘盛兰资助贫困学生的事迹。

学生交流、讨论。

师：给予他人帮助是一种精神层面的幸福，精神层面的幸福有很多方面。例如，化学家诺贝尔研究炸药实验成功，即使是在实验室被炸得血肉模糊，仍然跑出来兴奋地大喊："我成功了，我成功了！"同学们，诺贝尔为什么被炸得血肉模糊仍很兴奋？

孩子们交流后，很快会得出"对科学孜孜不倦地探究也是幸福"的认识。

（2）交流、分享幸福感受可以从参与的活动谈一谈，例如爱心捐助衣物、图书等；可以从新闻媒体等看到的、听到的谈一谈。

（三）盘点幸福

小品表演：一个学生扮演央视记者走基层，采访班里的同学：你幸福吗？幸福是什么？（采访活动时播放歌曲《幸福在哪里》）

（四）寄语：做一个春暖花开的幸福少年

师：同学们，幸福是一种感觉，它不取决于你的生活状态，而取决于你的心态。愿你们从今天起做一个春暖花开的幸福少年。①

3. 认识班主任在团队活动中的指导作用。

4. 用所学原理分析案例，指出案例所述主题队会的成功经验和不足之处。

5. 独立设计一个团队活动计划，题目自拟。

6. 以小组为单位，相互评价独立分析的结果和独立设计的计划。

---

① 迟丽华. 孩子，你幸福吗 [J]. 班主任，2014（3）.

第十二章　班级中的个别教育

　　一个班集体往往是由几十名学生组成的。这些学生由于各自遗传因素的不同、家庭背景的差异和受到社会环境影响的非一致性，因而在德、智、体、美诸方面的发展也表现出各自不同的特点，具有不平衡性和差异性，有强弱优劣之别。班主任要做好班级教育工作，必须在培养、组织、教育班集体的同时，有针对性地做好个别学生的指导、培养和教育工作。

　　成功地开展个别指导和教育工作，成功地教育和转化某一特殊类型的学生，是体现班主任工作能力的重要方面。因为每个班上的学生，总有先进、中间和后进三种情况。班主任应通过深入细致的思想教育，使后进生得到更多的关心和帮助，使优秀生得到更多、更严的指导和要求，使中间状态的学生得到及时的鼓励和引导逐步进入先进行列。全面关心、保护和教育好每一个学生，才能使全体学生的全面素质得到充分发展。

第一节　教育、转化后进学生

　　后进生通常是指那些在正常生理状况下，在班级中品行有不良表现，或品行和学习成绩等方面都暂时落后的学生。这些学生在一个班里为数极少，但能量很大，对班集体的"破坏性"也大，他们常常打击讽刺要求上进的同学，给中间状态的同学消极影响，还在某种程度上妨碍教学工作的正常进行，给班主任的教育和组织管理工作带来不少麻烦。一些后进生成了家庭的精神包袱，有的甚至与社会上的不良分子纠集在一起惹是生非。

能否做好后进学生的教育转化工作，不仅关系到学生个人的前途命运，而且还会影响到班级的进步、家庭的幸福和社会的安定。因此，根据后进学生的心理特点、落后的原因，有针对性地做好教育、转化工作，是个别指导和教育学生工作的重点内容。

一、后进学生的心理特点

（1）畏惧。畏惧是对他施加限制和惩罚的人而言的，主要是家长和教师。行动上表现为老实，时刻提防你会对他怎么样，背后却是另一套。

（2）冷漠。对教师绕道而行，对同学的积极良好行为不支持，对集体不关心，不热心，甚至对热心参加集体活动的同学采取打击嘲讽的态度。

（3）敌视。他们不把老师和同学的批评、干预或惩罚当好意，不仅不接受，反而产生心理上的逆反、敌视情绪。

（4）敬慕。对他们认为关心、同情、支持他们的人，常表示出特殊的好感和敬慕，甚至言听计从。

（5）亲密。对所谓"友谊"（即重义气）、趣味相投的伙伴有特殊的亲密感。

二、后进生心理的复杂性和两面性

（1）想做好事，但常因缺乏正确的道德认识，美丑难辨。

（2）想接受教育，但又对家长、教师心存戒备或疑惧。

（3）想学好，又旧习难改；想和错误决裂，又以义气为重，割不断旧情。

（4）外表傲慢，霸气十足，内心却又常常自卑、空虚，甚至自暴自弃。

（5）犯错误时常显得满不在乎，内心却时有羞愧或惶恐。

（6）对好学生表现出鄙视、嘲讽、瞧不起，但暗地里却十分羡慕。

（7）稍有进步受到表扬时，内心会兴奋不已，但由于自制力薄弱，自觉性低，往往又会反复，重犯错误。

三、后进学生落后的原因分析

后进学生的不良品行或成绩不良是某种客观因素影响和自身的心理发展水平及努力不够造成的。

（一）客观原因

分析其客观原因，主要是社会环境的不良影响。如：不健康思潮的影响、坏人的教唆、违法犯罪分子的引诱等；家庭的不良影响或家庭教育的失误；也有学校教育的不当等原因。

（二）主观原因

（1）缺乏正确的道德意识，行为受个人欲望和不正当需求所驱使。

（2）意志薄弱，自制力差，缺乏毅力。

（3）受不良行为习惯的支配。

后进学生的这些心理特点和造成落后的复杂原因，实际上也就是给班主任教育好他们增添了难度。因此，班主任没有深入细致地调查研究，不找出解决问题的恰当办法，不掌握教育转化的技能技巧，是难以取得好的教育效果的。

四、转化教育后进学生的思想方法与技能技巧

1. 树立正确的教育观，用发展的观点看待后进生

后进有其主、客观的原因，后进生并非什么都后进，他们有优点，有特长，有闪光点，有极大的可塑性。班主任要坚信教育的力量，相信每一个学生都具有无限发展的可能性。只要通过正确的教育引导，每一个后进生都是可以教育好的，而且还能由后进跃为先进。坚定这种正确的教育观，可以促使班主任以高度的社会责任感和满腔的工作热情去关心、爱护、教育每一个后进生。

2. 关心爱护后进学生，密切师生关系

热爱、尊重和严格要求学生，是教师职业道德的核心内容，对班主任来说，尤其重要。后进生一般都会有这样那样的缺点和毛病，经常受到家长的训斥、教师的批评和班集体舆论的谴责。如果班主任对其冷落、指责、嘲讽，就很容易使学生在思想感情上与班主任产生隔阂甚至对立。教育实践告诉我们，后进生往往对班主任有着一种"敬而远之"的距离感，他们往往比较"心虚""敏感""有戒心""有敌意"，常常主观地认为班主任会轻视、厌弃甚至"迫害"自己，以致对真正关心他们的老师的苦口婆心的教育采取回避、沉默甚至对抗，设置起一道心理障碍。在这种情况下，班主任的教诲犹如耳边风，教育不可能收到实效或收效甚微。甚至当这种教

育被学生曲解时，还会导致师生关系的进一步恶化。而要消除后进生的心理障碍，不是一件轻而易举的事情。行之有效的办法就是真诚地热爱和关心他们。班主任要以真诚的爱去全面关心和帮助每一个后进学生，让他们在生活和学习中亲身去体会班主任教师的善意和真诚，赢得他们的尊重和信任，把班主任教师当成自己的知心朋友而打开心灵的大门，真正感受到班主任老师的可亲、可信和可敬，从而消除疑惧和对抗，达到"亲其师，信其道"的理想效果。

3. 调查研究，找出症结，对症下药

后进生各有其特点，后进的程度和表现，后进形成的原因和问题的症结都各不相同。班主任应该通过深入细致的调查研究，摸清情况，找出症结，对症下药。否则，凭主观臆断和推测，只会影响教育效果。例如，有一个学生，性格孤僻，沉默寡言，从不参加班集体活动，也不愿接近老师和同学，班主任做了大量教育工作都没有奏效。后来班主任经过调查，找到了问题的症结所在。原来这个学生从小失去了母亲，父亲又很少过问他的学习和生活，是患了"爱的缺乏症"。于是，班主任便利用清明节扫墓和过生日，让他去感受老师、同学和集体给予的温暖和爱，从而取得了理想的教育效果。

4. 长善救失，扬长避短

任何事物都是一分为二的。任何一个学生，都有其优点和缺点。即便是后进生，也有闪光的地方，也蕴藏着某些优点和长处，只是不引人注目而已。班主任要辩证地对待后进生，善于发现和及时抓住他们身上表现出来的优点和长处，并予以鼓励，即使是微小的进步，也要及时予以肯定和表扬，使之得以充分发挥和不断巩固，从而充分调动后进生蕴含的巨大发展潜力，加速其转化过程。反之，如果总是消极地把眼睛盯在他们的缺点和错误上，动辄批评、处分乃至体罚，其最好的教育效果也只能是利用他们的恐惧心理，维持最低的教育标准。比如，有一个学生调皮不求上进，被公认为"淘气包"，班主任找他谈话时，他却摆出破罐破摔的样子，满不在乎。后来，班主任了解到他喜欢美术，于是在成立班级黑板报编委会时，点名让他任小组长。在老师的鼓励下，他的自尊心和自信心受到了震动，从而一改旧态，逐渐开始进步。所以，高明的班主任能从后进生的一些极端的表现中敏锐地看到后进生期待的信任和尊重、关怀和温暖。不要戴有色眼镜去寻找他们身上的缺点，而要拿放大镜去努力寻找他们身上的"闪光点"，并倍加珍惜、努力挖掘和扶植。

5. 根据学生的个别差异，因材施教

由于年龄、个性以及事情的性质不同，后进生一般都表现出各自不同的显著特点。班主任要针对他们的特点有的放矢，因材施教，采取多样而灵活的教育措施。

比如，从年龄上说，年龄小的学生往往是由于不了解或不理解道德行为准则并出于好奇心而导致后进，对于他们给予信任并采用正面说理教育、活动指导、行为矫正的方法是比较合适的。对于年龄大的学生可以采取比较严厉的教育方法。如对于初犯而自尊心较强的学生可以采用不公开的警告，对于一再重犯又不虚心接受意见的学生则可采用集体教育的方法，必要时还可采用孤立的方法，使其感受到失去班集体信任的苦闷和焦虑，从而鞭策自己改正缺点和错误。

从学生的个性上说，对于自卑感较强的学生，班主任首要的是要善于发现和肯定他的优点，使之培养和树立起自尊和自信心。对自尊心强、有能力又调皮的学生，要委以具体工作，并提出严格要求，使之在实际锻炼中转变。对态度冷漠、有对立情绪的学生，要特别加以关心和亲近，动之以情。对迷恋某种不健康活动的学生，不能简单禁止，应因势利导，把他们的兴趣引导到正当方面。尤其对于学习、品行都落后的学生，除了加强对他们进行思想品德教育外，还要采取措施培养他们的学习兴趣，提高他们的求知欲，指导他们改进学习方法，增强他们学好功课、取得进步的信心。

6. 抓住转化的契机

一般说来，后进生意志薄弱，积重难返。但从每个人来说，并非事事差、时时差。班主任要抓住有利时机促进转化。转化契机出现可能性较大的情况有：（1）后进生长期受到冷漠和歧视，突然感到温暖时；（2）长期遭受失败，偶尔取得成功时；（3）偶尔受到某种启示，对自己的过失引起思考时，等等。班主任除了用心找这些契机外，还要根据契机形成的规律，积极创造条件，促使转化契机早日形成，以加速后进生的转化。

7. 锻炼与诱因作斗争的意志力，巩固新的行为习惯

错误行动总是由内部错误观念和外部诱因引起的，因而要在注意改变内部观念的同时，控制不良诱因的影响以及培养和诱因作斗争的能力，并

通过新的良好的行为习惯的形成与加强来矫正错误行为。班主任应该在学生形成新的行为动机和行为习惯的基础上，通过一定的考验方式，使学生得到锻炼，提高他们的意志力，这种锻炼必须要有适当的监督。

8. 教育要持之以恒，反复抓，抓反复

由于外部各种不良诱因的影响和后进生自身意志薄弱，自制力差，辨别是非的能力低下，因此，他们的进步时有反复。一些转变较好、表现比较稳定的学生，有时会故态复萌；学生已经改正了的原来的缺点和错误，在新的条件下，又可能以新的形式表现出来。对此，班主任要以最大的耐心和恒心，冷静地帮助他们分析原因，进一步做深入细致的教育转化工作，切忌操之过急或灰心丧气。

一般说来，后进生在前进过程中出现的反复，并非过去错误的简单重复，而是从每次反复中都可以看到进步和发展的因素。如有的后进生在犯了错误受到批评后，往往表现出倔强、不服气。但他在取得进步后再出现反复时，即便是犯同样的错误，他也会深感内疚和不安，觉得自己辜负了老师的殷切希望，这时他对老师批评的态度也会发生变化，会感到心情沉痛、愧疚难过，甚至痛哭流涕。因此，班主任既要给予中肯的批评教育，又要注意保护已经调动起来的积极性，因势利导，促进转化。例如，两个经常打架但已进步的学生，一次为争球又打了起来，之后去找班主任评理。班主任听完他们各自的辩白以后说："你们打架是错误的，但与以前相比有所不同：第一，你们争的是篮球，说明你们有了正当爱好；第二，你们能中途停手，不像过去非打个你死我活才罢休；第三，你们主动找老师评理，说明愿意听从教育管理。这些都说明你们比以前进步了，只要继续努力，我相信一定会彻底改掉这个毛病的。"两个学生听后非常感动，相互承认了错误，满意地走了。这个实例中班主任的可贵之处就是善于捕捉反复中的积极因素，鼓励学生进步。

五、技能教育 12 -1

【教育内容】

掌握转化后进学生的基本方法。

【教育目标】

1. 准确了解后进学生的心理特点及其复杂性和两面性。

2. 初步认识造成后进学生落后的主要原因。

3. 掌握教育、转化后进学生的思想方法和技能技巧。

【**教育程序**】

1. 学习有关理论，掌握转化后进学生的基本要求和方法技能。

2. 提供范例。

案例 12 - 1 - 1

　　我曾经教过一个由后进生组成的班。你可以想象，这样的班，后进生可不是一两个。对付和转化这个班的学生，我的"法宝"就是表扬。当然，这个表扬也尽可能转化为集体的表扬。那时候，我每周末都要在全班举办一次"全民公投"，评选出当周进步最大的学生，获得票数最多的前十名，我征求科任老师的看法，如果科任老师也认为这些学生进步很大，那我就给这十名学生两个奖励：一是周末带着他们去公园玩，那可是孩子们最开心的日子；二是给家长发报喜单。

　　我要求获得报喜单的孩子必须拿回去让家长签字，并让获得报喜单的学生家长到学校参加我们的班会课，并在班会课上隆重表扬学生，感谢家长。别看这小小的报喜单，其威力的确无穷。孩子很开心自不必说，家长们也很开心，而且感动。他们被通知去学校是光荣地和孩子一起享受表扬的荣誉，而且对孩子也是莫大的鼓励。

　　转化后进生当然不是仅仅靠表扬就够了，但是，经验告诉我，在和后进生打交道的过程中，表扬的力量是无穷的。①

　　3. 了解后进学生心理特点的复杂性和两面性，既看到他们身上的缺点，又要及时发现他们身上的优点。

　　4. 分析后进学生之所以后进的主客观影响因素。

　　5. 掌握教育后进学生的思想方法和技能技巧。

　　6. 结合案例，具体分析案例中后进学生的思想特点和落后原因，总结案例中成功的教育经验主要体现在哪里。

　　7. 设想如果自己是一位班主任，面对后进的学生，会采取怎样的教育措施。

———————

　　① 李镇西. 如何善待"后进生"[J]. 班主任之友，2014（2）.

第二节 教育、培养优秀生典型

优秀生典型一般是指那些在德、智、体诸方面都发展较好，品学兼优，可以作为学生学习、仿效的榜样的好学生。在一个班集体中，有了优秀生典型，就可以使全班学生学有榜样，带动和鼓励班级成员共同前进。为此，班主任要在全面分析学生实际情况的基础之上，善于挑选那些思想品德、学习态度、学习成绩以及人际关系等方面基础比较好的学生，或在某一方面发展比较突出的学生作为重点培养对象。班主任对这类学生既要充分肯定其优点和长处，又要严格要求，指出其不足之处，并采取有效措施，促使其更快地进步，带动全班学生积极向上，共同进步。

一、优秀学生的心理特点

（1）好胜心强，有较强的自信心，勇于进取，爱好学习，善于学习。

（2）思维敏捷，敢于竞争，具有独立性和创造性。

（3）具有良好的意志品质，自觉性高，自制力强。

（4）有良好的道德行为习惯和学习、生活习惯，能自觉地根据道德行为准则支配和调控自己的言行。

（5）有良好的学习态度和学习方法。自觉地发现和排除干扰学习的各种不良因素。

值得注意的是，由于优秀学生优点十分明显，往往给人鲜明的印象，容易"一俊遮百丑"，使班主任受"晕轮效应"的影响，只看到他们的优点和长处，忽视他们的缺点和不足，以点概面，以偏概全。其实，任何学生身上都存在着优点和缺点，尤其优秀生也是处于身心急剧发展尚未完全成熟时期的青少年，不可避免地会有缺点和不足。作为班主任，应该注意从其优点的掩盖下去发现某些缺点和不良倾向，及时有针对性地进行引导和教育。

二、优秀学生容易出现的问题

1. 恃才自傲，目空一切

优秀生因天资聪颖，学习成绩好或某一方面有特殊才能，经常受到老师和家长的表扬、同学的羡慕，在一片鲜花和掌声中成长，无论在家庭还是在学校，都处于比较优越的地位。如果教育不当，容易产生自尊心和自信心的极度膨胀，形成自我中心、自傲自大、高人一等、目空一切的消极心理，并滋生虚荣心。

2. 自我中心，处世冷漠

优秀生是班上的先进典型，对同学往往发号施令多。如果认识不正确，时间一长便会产生自我中心、人人为我的思想，对人、对事冷漠不感兴趣，甚至发展为极端的利己主义。

3. 娇生惯养，自理能力差

一些优秀生在学习上投入的时间和精力较多，加上父母的溺爱，使他们容易养成娇生惯养、坐享其成的习惯。

4. 盲目自信，讳疾忌医

优秀生地位优越，自尊心和自信心强，在成长道路上一直很顺利，很少受到挫折，表扬听惯了，经受不了批评，发现不到自己的缺点。

"响鼓还须重槌敲""好花尤须细心浇"。优秀生身上或多或少地存在着一些消极因素，因此，班主任必须对他们严格要求，促使他们"百尺竿头，更进一步"。

三、培养教育优秀学生的思想方法与技能技巧

1. 全面分析，正视问题，严格要求

优秀学生大都比较自觉，在同学中能起模范带头作用，常常受到老师和同学的赞扬，有很强的优越感。因此，一方面，班主任不能对他们另眼相待，应该提出更高的要求，对他们潜在的和已经暴露的缺点和错误决不姑息迁就；另一方面，对他们的优点，给予及时表扬和鼓励，但表扬的次数不宜过多，方式上要掌握好分寸。只有这样，才能使优秀生既能扬长避短，不断进步，又能锻炼自己对待批评和经受挫折的心理承受能力，谦虚谨慎。

2. 高标准，严要求，严而有方，严慈相济

有的班主任往往认为优秀生自觉性高，纪律性强，因而忽视了他们的缺点，放松了对他们的要求。即便有时发现了他们的不足，又担心"响鼓"加"重槌"会把鼓敲破，会挫伤他们的积极性、降低他们在班集体中的威

信。其实恰恰相反，严格的要求和及时的批评，能使优秀生在更高的起点上进步，真正赢得老师的信任和同学的尊重。放松要求和无原则的袒护才是对他们真正的不负责任。

3. 采用极限催化，促其幡然醒悟

所谓极限催化，是根据极限导致逆反的原理，创造一定的条件和机会，催化受教育者的缺点，按教育者既定的范围、方向和分寸发展下去，乃至发展到极限，这时受教育者会产生一种厌恶和逆反心理，并回过头来反省自己的行为，从而意识到自己的缺点错误及其危害所在而幡然醒悟，羞愧难当。优秀生心高气傲，不容易接受外界的批评意见，而他们自我意识和理解能力强，班主任可采用极限催化的方法，促使他们自觉地改正错误。

4. 教育优秀生正确对待荣誉和"掌声"，严于解剖自己

班主任要教育优秀生在鲜花、荣誉和掌声面前保持清醒的头脑，要有自知之明，不能只看到自己的优点和成绩，还要看到自己的缺点和不足，学会"以人之长补己之短"，自觉地进行自我分析、自我评价和自我教育。同时，还要使优秀生懂得"山外青山楼外楼，还有英雄在前头"的道理，不要为眼前的成绩和成功所陶醉、所满足。要明白成绩和荣誉只属于昨天，如果自己骄傲自满就会落后，后进生、中间生经过努力也可以赶上来超过自己。要引导优秀生及时调整情绪，确立新的奋斗目标，谦虚谨慎，脚踏实地，继续前进。

四、技能教育 12 - 2

【教育内容】

掌握培养优秀学生的基本方法。

【教育目标】

1. 了解先进学生所特有的心理特点。

2. 掌握培养优秀生方法，帮助他们发扬优点，克服缺点。

【教育程序】

1. 学习有关理论，掌握培养优秀学生的基本要求和方法。

2. 提供范例。

案例 12-2-1

2009 年 9 月的一天，我的办公室来了一位高分落榜者。他的高考分数已经超过重本线 30 多分，但他坚持要复读。把他的一切手续办完送他进班后，留下他的父亲，我与他父亲交谈后了解到如下情况：这是一个非常有主见的孩子，当年选择学文就是他一人做的主，违背了全家人的意愿。平时学习和日常表现都非常优秀，心高气傲，非北大不上，但是，2009 年他的高考分数却离北大还有一大截。之所以出现这样的结果，就是因为他不大听取别人的意见。

上课一个多月之后，我发现他有一个致命的弱点：做事不严谨——点滴的马虎让他无法把自己的才华淋漓尽致地表现出来。于是我把他找来开始了下面的对话。"你为什么要来复习？""考取北大。""知道北大在我省的招生比例吗？""万分之二，可以说万里挑一。""万里挑一挑出来的人应该是什么样的人？""是顶尖级的人，是完美的人。""你做到了吗？""我没有做到吗？"可以看出这孩子是一个自信十足的人，又可以看出他不善自省的弱点。"你没有做到，你还有不小的距离。你确实有考上北大的潜质——接受能力强，发散性思维好，思考问题的深刻性和独立性也都很好。但是由于你身上有不严谨、小马虎、做事不追求极致等方面的小毛病，比如你的字就不够工整美观，比如数学作业经常忘了写小数点，就是这些你不太在乎的小毛病使你的才华在点点滴滴中流逝掉，让你无法将你的才华淋漓尽致地发挥出来，这就是你无法超越北大分数线的原因之所在。响鼓不用重槌，我就说这些，回去后你好好琢磨吧。"2010 年，他顺利地考上了北大。①

3. 了解优秀生的心理特点及其容易出现的思想问题。

4. 掌握培养教育优秀生的思想方法和技能技巧。

5. 具体分析案例中学生的心理特点、长处和短处，总结班主任老师成功的教育经验。

---

① 赵文汉. 先识后赏，让赏识更有力量 [J]. 班主任之友，2014（10）.

第三节 教育、提高中等生

中等生是相对于后进生和优等生而言的。一般是指既不像优秀生那样思维敏捷，在德、智、体诸方面十分突出，深得老师宠爱和同学羡慕，又不像后进生那样惹是生非，学习困难，让老师伤透脑筋。他们安静、本分，品德表现、活动能力、学习成绩一般，优点和缺点都不太明显，没有出众的表现，平时不引人注目，容易被班主任忽视。在一个班集体中，优秀生、中等生、后进生的比例是按常态分布的，即"两头小，中间大"，中等生人数居多，是大头。在他们中间，有的学生成绩不算优秀，但动手能力强；有的有一副热心肠，助人为乐，关心集体；有的善良懂事，同情弱者，孝顺父母。优点和缺点往往交互作用，极易转化。因此，班主任一定要有充足的时间和精力做好中等生的教育和提高工作。

一、中等学生的心理特点

根据现有教育机制下学生潜能的开发情况，我们可以把中等生分为两种类型。两类中等生具有各自不同的特点。

（一）正常发展型

一些中等生尽管平时学习很努力，也能按照老师所教的学习方法去学习，但由于反应较慢或发挥不好及其他方面原因，成绩仍然很一般，没有起色。这些学生往往表现出以下特点：

（1）进取心很强，但又常常被挫折感困扰。

（2）学习成绩中等，但相对稳定。

（3）自觉性和自我约束力较强，容易管理，但组织性欠强，或对班集体活动不热心。

（4）性格内向居多，处事谨慎，顾虑多。

（二）潜能尚未完全开发型

这类学生潜能很大，经过及时培养教育，可以走入优秀生行列。他们往往具有以下特征：

（1）意志薄弱，自控能力差，怕苦畏难。

（2）散漫疲沓，安于现状，缺乏上进心和好胜心。

（3）学习态度时好时差，学习成绩时有波动。

（4）可塑性大，容易两极分化。

（5）他们有音体美等方面的专长，潜力很大，但缺少表现才能的机会。

教育实践证明，尽管中等生优点、缺点不甚明显，但其积极因素一旦被调动起来，不仅能推动他们不断进步，而且也将成为一支推动班集体发展的积极力量。

二、教育提高中等学生的思想方法与技能技巧

1. 把握中等生的不同特点，因材施教

有的中等生思想基础较好而工作能力、智力水平有限，想干又干不出色，想上进又上不去，属于正常发展型；有的甘居中游，采取中庸之道；有的思想不稳定，情绪时好时坏，忽高忽低，属于潜能尚未完全开发型。班主任要根据学生不同的类型和特征，对症下药，不能搞"一刀切"。比如，对于第一种情况的学生，要经常褒扬他们积极上进的热情和勤奋刻苦的学习精神，鼓励他们勇于实践，认真学习，迎难而上；注意培养和大胆使用，创造机会，引导他们参与集体组织和集体管理，不断提高其思想道德水平、学习成绩和工作能力。对于第二种情况的学生，要积极引导，培养强烈的社会责任感和事业心，激发奋发进取的内在动力；同时有意识地严格要求，定期地谈心、检查、督促、鼓励，造成外在压力刺激，使他们力争上游。

2. 善于发现并注意发挥中等生的特长

中等学生有许多优点和才能，但往往没有机会表现和施展，因为老师往往忽视了对他们的关注和研究。因此他们也很容易因为被忽略、被冷落而产生自卑心理，从而对周围事物反应冷漠，学习劲头不高，参加集体活动勉勉强强，总认为"没有人会注意我的存在""干好干坏一个样"。这时，其实他们内心十分渴望得到老师的关心和重视，哪怕只是一句简单的表扬和一个关切的眼神。因此，班主任老师要善于发现他们的长处和优点，乐于创造契机，如在班内组织多样化的、分层次的小型竞赛活动，让他们在活动中施展才能，体验成功的喜悦，鼓起勇气，树立自信心，还可以实行

值日班长制度，让他们参与班级的管理，并鼓励他们大胆工作，敢想敢说敢干，不怕失败，不怕打击嘲讽，从而在活动、工作和学习中经受锻炼，发挥特长，增长才干，积极进取。

三、技能教育 12 –3

【教育内容】

掌握引导中等生转化为优等生的基本方法。

【教育目标】

1. 了解中等生的不同类型及其心理特征。

2. 采取有针对性的教育措施，引导中等学生走入优秀学生行列。

【教育程序】

1. 学习有关理论，掌握教育引导中等生的基本要求和方法。

2. 提供范例。

案例 12 – 3 –1

有一年，我的班里接收了一个择校生，成绩一般。经我观察，这个学生成绩不理想，但做事认真，黑板擦得很干净，字写得一丝不苟——观察的过程就是一个"识别"的过程，找到孩子真正的"优点"所在。想鼓励孩子时，只要能够帮她重拾信心，把她认真的优点移植到学习上来，她还是能够转变的。为此必须等待机会，找到夸赞的一个契机，让她察觉不到我的出发点和要达到的目的。机会终于来了，她要参加一个活动，需要老师写封推荐信，我抓住这个机会写了一封感情饱满、实实在在的信，部分内容摘录如下："人说，字如其人。小娟的钢笔字刚劲有力，一笔一画，横平竖直，规规矩矩，像印刷的一样。'刚劲有力'透露出的是小娟身上的那股不服输的劲儿……她的这种不服输的劲儿一定会让她在活动中取得优异成绩，而且请相信，她以后还会成为学习上的佼佼者！……"看到这封信时，她的脸上流露出一种惊异的表情。她在活动中不但获得了一等奖，而且考上了研究生后留校当了老师，现在已是教授了。①

---

① 赵文汉. 先识后赏，让赏识更有力量 [J]. 班主任之友，2014（10）.

3. 了解中等生的含义及其心理特点。

4. 掌握教育提高中等生的思想方法与技能技巧。

5. 分析案例中中等生所属的类型及其心理特点，总结班主任老师成功的教育经验。

第十三章　班主任的表扬与批评

第一节　班主任的表扬

班主任的表扬技能，是班主任工作技能和工作艺术的重要内容之一，是指对学生好的思想品德作出肯定的、正面的分析。其目的是帮助学生认识自己的优点和长处，并使之进一步巩固和发扬。表扬作为一种外在的、积极的"强化"手段，可以发挥学生的积极性，提高学生辨别是非真假的能力，让学生体验强烈的自尊感和成功的幸福，激发学生强烈的进取心，是班主任进行教育活动时最常用的正面激励方式。它主要包括班主任对班干部的表扬，对后进学生的表扬，对优秀学生的表扬，对中等学生的表扬和对班集体的表扬等方面。

一、班主任表扬的基本原则

表扬是正面肯定成绩的一种重要的品德评价方式，是调动学生主动性和积极性，充分满足学生主体性需要的一种重要手段。在运用表扬时，应该遵循以下基本原则：

（一）以鼓励为主的原则

表扬的目的在于调动学生的积极性，激发学生的上进心。班主任要用乐观的、发展的观点去看待每一个学生，找到他们身上的积极因素，同时不忘指出还存在的消极因素，鼓励他们扬长避短，发扬优点，克服缺点，再接再厉，不断进步。这条原则运用的前提条件是爱。班主任表扬学生时，要出自内心地对学生某些良好品行或点滴进步感到真诚地喜悦时，才能更加激励学生发扬自身的优点。

（二）公正性和客观性原则

表扬要坚持以事实为根据，实事求是，不夸大，不缩小，公正客观。对于所表扬的人和事，班主任要进行全面深入的调查研究，避免主观片面。如果不该表扬的受到了表扬，或表扬的事实失真，不但会失去鼓励先进的作用，还会造成学生之间的不团结以及学生对班主任老师的反感和不信任。

（三）内容的具体性和形式的多样性原则

言之无物的空洞表扬和苍白无力没有个性的表扬都缺乏鼓动性和影响力，不仅如此，还会使学生产生老师偏爱和刻意取悦的错觉。因此，班主任在表扬时要注意内容具体，个性鲜明。让学生清楚地了解自己为什么受到表扬，值得表扬的地方在哪里，下一步应该怎样做得更好，充分发挥表扬的教育功能。

同时，表扬要根据具体情况，视人、视事、视时空不同而采取灵活多变的方式，决不只限于在班会上进行。如对影响较大的，发生范围较广的表扬，最好在班会上进行，强化表扬的激励作用，发挥集体教育的影响。而在劳动和社会实践过程中，可以采取现场表扬方式，加强表扬的直观性和指导性，取得立竿见影的教育效果。

（四）适应性与适度性原则

作为一种外部的反馈刺激，及时而适时的表扬可以促进学生巩固优点和长处，满足学生自尊的心理需要，强化学生正在萌发和已经表现出来的积极性和创造性。对于低年级学生尤其如此。因为这些学生往往十分在意老师对自己的态度和看法，他们做好事，甚至是为了得到表扬而去做好事，总是急切地期待着老师的表扬。如果迟迟未达成心愿，就会消极失望，心灰意冷。所以，班主任对于学生当中出现的好的苗头，哪怕是些许微小的进步，也一定要抓住时机，及时反馈，认真表扬。同样，有时由于"火候"未到，过早表扬优秀生，不仅被表扬的学生感到苦恼，也达不到榜样示范的作用。因此，班主任首先应该组织班集体形成健康正确的舆论，当优秀生的模范行为得到同学们的认可了，再进行表扬。

表扬除了适时，还要适度，不能夸大其辞。学生正处在身心发展不稳定、不成熟时期，过度的溢美之词、过分的"正强化"刺激容易造成他们不能全面客观地认识自己，自高自大，孤芳自赏，形成以自我为中心的消极的人格特征。因此，对学生的表扬必须实事求是，恰如其分。尽量避免使用诸如"你真是个天才""你是最好的""没有人能跟你比"等极端语句。注意把握表扬的分寸。

（五）集体性与个体性原则

在班上树立先进典型，重点表扬一些学生是一种重要的德育方法。但是，经常过多表扬个人忽略集体，特别是一些靠集体取得的成绩仅仅记在某个学生身上时，就会打击绝大多数学生的积极性，使没有受表扬的学生产生消极抵触情绪，受表扬的同学被讽刺挖苦和孤立起来，造成学生之间的嫉妒和不团结，影响班集体的凝聚力。经验告诉我们，表扬一个学生所在的集体，比表扬这个学生本身的教育效果更好。即使在表扬某个学生时也要强调他是为校、为班争了荣誉，放在班级表扬，做到表扬一人，鼓励一群。

在注意多表扬学生集体的同时，不要忽视了对学生个人的表扬。而学生之间由于主、客观因素的影响，在思想道德、文化水平和个性特征等方面存在着很大的个体差异，因此，班主任在具体运用表扬时，要有的放矢，因材施教。如，同样的行为，对于优秀生来说很平常，或者被视为职责范围之内应做的事可以不予表扬；而对于后进生来说，则须经过一定的思想斗争和较大的努力才能做到，是促进他们进步的难得契机，必须及时予以肯定，在全班表扬。从学生的个性特征来说，同样是表扬，也要注意因人而异。对于多血质的或思想水平不高的学生，根据其易激发、适应性强的特点，可进行公开或热烈的表扬；对于抑郁质或思想水平较高的学生，可进行含蓄而委婉的表扬。对于资质较差的学生，班主任要尽量找他们的优点，很自然地把表扬流露于无意识的言语、表情之中，使其及时尝试到成功的喜悦。对于那些长期未受到过表扬而处于压抑状态的学生，要采用时间暗示的方法，通过其他同学传递对他们的优点、进步加以肯定和赞扬的信息，这样可以缩小他们与班主任心理上的距离。

二、班主任表扬的基本途径

（一）班（团队）会上表扬

班（团队）会是在班主任（团支部书记和辅导员）的组织和领导下，由班级（团支部和少先队）全体成员参加的一种学生（团员和队员）进行自我教育和民主生活的教育形式，也是对学生集体进行教育的重要方式。班主任在班（团队）会上的表扬，可以肯定学生的成绩，增强学生的自信心和上进心，有效地实现集体教育和个别教育的有机结合。

（二）总结会上表扬

班主任可在班级总结会上（包括周末、月末、期末和各项学习竞赛、文体活动总结会）对有成绩、有进步的学生和班级所取得的成绩，在全班进行表扬。表扬的材料和内容，班主任要在会前作好总结和分析，并在表扬的同时，指出尚存在的不足，提出新的奋斗目标。

（三）家长会和家访中的表扬

班主任在家长会上，或通过家访和书信的形式点名表扬学生，如实反映学生的成绩和进步，便于家长进一步了解其子女在校的表现，从而配合学校和老师共同采取一致的鼓励教育措施，更好地发挥家庭教育的功能。

（四）在班级活动中表扬

教育性的活动和交往是学生思想品德形成和发展的基础和源泉。班集体是在活动中存在，在活动中发展的。学生也只有在活动中才能得到培养、锻炼和提高。班主任要善于通过活动去发现学生的优点和长处，并及时予以表扬，以利于学生发扬优点，发展长处，也有利于班级活动的顺利进行。

（五）申报奖励表彰

对学生中有突出成绩、事迹、特殊贡献的，班主任要申报学校或上级主管部门给予表彰，其中受到社会舆论高度赞誉的突出事迹，班主任要通过学校及教育主管部门申报给各级人民政府给予表彰。对于学生取得的成绩和进步，学校或者班级可在学期末或学年末，进行物质或精神奖励。物质奖励可依据学生的年龄特点和年级高低来确定物质类别。小学生多以学习用品、工具书或科普读物为主；高年级学生以奖学金、生活娱乐用品为主；精神奖励以奖状、证书、纪念章或纪念照为主。

三、班主任表扬的主要方式

表扬能否取得最佳的教育效果，在很大程度上取决于表扬的方式和语言技巧。表扬有基本方式和特殊方式两大类。

（一）表扬的基本方式

（1）点评。针对某个学生的某一值得肯定的行为表现，用一两句话作出表扬，表达赞赏之情。

（2）述评。通过具体叙述值得表扬的人或事并作出肯定的评价，以表达由衷的赞赏之情。

（3）点面结合。由于许多好事往往是由很多人共同协助完成的，班主任表扬时，就应注意褒奖的广泛性和个别性相结合，有点有面，有主有次，论功行"赏"。

（4）以情传意。除了语言表扬以外，班主任还可以通过赞许的目光、点头微笑、拍拍肩膀等带有丰富感情色彩的体态动作，对学生的良好言行加以肯定和鼓励。此种方式尤其适合于低年级学生。

（5）反语赞扬。反语是指所表达的意思同语句表面意思相反的一种修辞方式。将它用于表扬，看似批评，实则赞美，显得幽默含蓄，委婉巧妙，有着比一般正面表扬更令人难忘的神奇效果。但限于学生的理解能力，此种方法在低年级应慎用。

（二）表扬的特殊方式

1. 表扬班干部

班干部是班主任的得力助手，是班集体的骨干和核心力量，在班集体的组织和管理中，班主任做好了班干部的选拔和培养工作，就是抓住了矛盾的主要方面。班主任对班干部的表扬，是对他们成绩的肯定和工作的支持，能够促进班干部继续努力为班级同学服务。表扬班干部的方式有三：一是鼓励。班主任既要对为班级做出成绩的班干部给予及时表扬和热情鼓励，促使他们以更饱满的热情努力工作，又要对成绩不突出、工作进展不大的班干部给予支持和鼓励，帮助他们总结经验和不足，在工作中增强信心，增长才干。二是信任。班干部是经过全班学生民主选举和班主任全面考核产生的，有较好的群众基础和较强的工作能力。班主任要充分相信他们，放手大胆地使用他们，以极大的热情调动他们工作的积极性和主动性。切忌指手画脚，包办代替，求全责备，束缚和挫伤干部的积极性。三是培养能力。表扬只是激励干部不断进步的外部手段，目的是激发干部的工作热情，培养干部的工作能力。班主任不仅要充分信任和大胆使用干部，还要注重培养干部各方面的能力，尤其是独立的组织管理能力。做到在使用中培养，在培养中使用，使用和培养相结合。

2. 表扬优秀学生的方式

表扬同样适用于优秀学生，可以帮助他们进一步明辨是非，受到鼓舞，朝更高的目标努力。具体的方式是：（1）鼓励。优秀学生是班级的中坚力量，是班级工作的积极支持者，对班集体具有巨大的教育影响和鼓动作用。班主任要经常注意优秀学生新的进步和新的成绩并及时表扬鼓励，督促他们自觉地向更高的目标奋进。（2）树标兵。榜样的力量是无穷的。在班级树标兵，就是给学生立榜样，同时要与学习英雄先进人物的活动紧密结合起来。这对优秀学生是极大的鼓舞，对其他学生是极好的鞭策。班主任可根据学生年龄特点和知识层次，在班级开展评选最佳少年、最佳青年、各科小标兵等活动。（3）稳中求进。优秀学生经常受到老师的表扬和同学的赞赏，极易滋生骄傲自满情绪，个别学生还容易退步滑坡。班主任应该在表扬他们的同时，不要忘记对他们提出新的要求和希望，以巩固他们所取得的成绩，激励他们继续前进。（4）严格要求。"严师出高徒"，优秀学生不是十全十美的。班主任要经常帮助他们查找、发现自己的缺点和不足，并提出今后的要求和下一步努力的方向。同时，还要注意经常与科任老师、家长取得联系，沟通情况，全面了解和严格要求他们，促进他们健康顺利地成长。

3. 表扬后进学生的方式

对后进生的教育，采用表扬的方法具有重要的作用和特殊的功效。（1）激励。班主任的鼓励是学生进步的动力，尤其对后进生。班主任要热心地关怀他们，对于他们所取得的成绩和进步，哪怕是点滴的、微小的，也要善于发现，并把它当作自尊的火种及时表扬，热情激励，为他们创造转化的契机和良好的环境。（2）引导。进步并非优秀学生的专利，后进生也有进步的心理需要，有时甚至很强烈。当先进学生站在领奖台前，他们投以敬佩的目光，以异样的心情联想到自己。班主任应善于觉察这种萌动向上的心态，帮助他们分析自己，找到差距，并找出改进措施，明确前进的方向，并经常加以检查和督促，做后进生的知心朋友和引路人。（3）长善救失。对后进生的教育最重要的是尊重和培养他们的自尊心和自信心。因此，尽量避免在公开场合议论后进生的过失或不足，以减轻他们精神上的负担和压力，特别是不能简单粗暴地对待他们。班主任要善于发现他们的长处和成功，及时给予表扬，用他们自己的优点长处去克服自己的缺点和短处。

4. 表扬中等生的方式

中等生介于优秀学生与后进学生之间，人数多，影响大，容易向两极分化，班主任必须抓紧对他们的教育。

（1）激励上进

从根本上说中等生是有进步的要求，但由于主、客观因素的影响，这种进步要求不甚强烈。他们甘居中游，观望意识较浓。有经验的班主任注重"抓两头，带中间"，积极主动地"带"，采用激励方式，鼓励他们向优秀生看齐，培养他们积极向上的心态。

（2）普遍提高

中等生是班级学生的大多数，这部分学生素质的普遍提高和发展，就意味着整个班集体大幅度的进步和发展。有经验的班主任不光注重抓典型，培养优秀生，转化后进生，还十分重视提供多种机会使大多数中等生的素质普遍提高。

（3）稳中求进

如果有大多数中等生的主动性和积极性，班级活动就好开展，班主任工作就会得心应手。因此，班主任对中等生所取得的成绩和进步，一定要及时给予热情的表扬和鼓励。这样才能促使班级学生思想稳定、情绪饱满。倘若班主任把眼睛盯在"两头"，对中等生不闻不问，或对他们的表扬只是轻描淡写，极不热情，就会使中间生出现思想波动，丧失自信，造成班级整体滑坡。因此，班主任要着眼于全班，重视对中等生的表扬，使他们在稳定中促进步，在稳定中求发展。

四、技能教育 13 –1

【教育内容】

表扬后进学生。

【教育目标】

1. 了解表扬的基本原则、主要途径和方式。

2. 掌握针对不同类型学生的特点进行表扬的几种不同方式，并根据实际情况，灵活运用。

3. 通过训练，具体掌握如何根据后进学生的特点，进行科学的、及时的和恰当的表扬。

【教育程序】

1. 学习表扬理论，掌握如何通过表扬教育后进学生。
2. 提供范例。

案例 13 – 1 – 1

　　小 A 是我教过的众多毕业生中的一员，也是目前和我联系最多的学生。每年过年他都会带着礼物看望我。每次我都对他说："你能来看我，我就很开心了。"他憨憨一笑，说得最多的一句话是："一点点小心意，要不是老师当年的鼓励——那句'我看好你'，我的今天也许不会是这样。"

　　读书时小 A 的学习成绩一直很差，经常被老师批评，我听得最多的一句话："这个学生太差了，没办法，随他去了。"每每这时小 A 都局促不安，头低得很低，脸涨得通红。小 A 是外来务工人员的小孩，一直随着父母漂泊，近几年才在这个城市安顿下来，所以小 A 的文化基础很差。但他淳朴、实在、讲信用，作为他的班主任，虽然也为他的成绩担忧，但也欣赏他这些优点。所以每次出现问题的时候，我一边安抚任课老师，一边私下里和小 A 交流，没有训斥，没有埋怨，对他的品质大加赞赏，我常拍着他的肩膀说："坚持，做最大的努力，老师看好你！"为此我经常鼓励他，只要他有一点进步就表扬他，所以他很乐意跟我交流，跟我在一起时都笑得很开心。毕业后，他没能继续升学，但他拜师学艺，在城里开了一家装潢店，成了一位非常不错的装潢设计师。①

3. 掌握表扬的主要原因、途径和方式。了解针对不同类型学生的特点进行表扬的几种主要方式并加以灵活运用。
4. 通过案例分析后进学生的心理特点，总结班主任老师的成功经验。
5. 独立设想如果自己是班主任，如何表扬先进学生和中等学生。

第二节　班主任的批评

　　批评是对学生不恰当的思想行为给予否定评价的方法。和表扬一样，

---

　　① 张志辉. 看好，才会好看［J］. 班主任之友，2014（3）.

它是班主任对学生进行思想品德教育的一种方法，其根本目的是要唤起学生的警觉，引起学生对所犯错误的反思，激起学生改正缺点和错误的愿望，批评的出发点还在于必须尊重学生的人格，保护学生的自尊心和自信心，帮助学生正确对待批评，激发他们承认和改正错误的勇气、信心和决心。

一、班主任批评的基本原则

班主任在进行批评时，应该摆事实、讲道理，以理服人，实事求是，让学生心悦诚服，自觉地接受批评教育，它和表扬一样，都是班主任教育学生常用的方法。班主任在运用表扬时必须遵循的基本原则，同样适用于批评。除此之外，运用批评时，还应遵循以下基本要求。

1. 正面肯定为主

班主任批评学生的目的还是为了教育学生，是为了帮助学生克服身上的消极因素而把学生自身的各种积极因素充分发挥出来。因此，对学生的批评更应多用启发、肯定、开导的语句和语气，最好少用或不用"不准""不行""不要"。一味地批评学生或全面否定学生，不利于保护他们的主动性、积极性，不利于培养他们的自主精神与独立分析问题、解决问题的能力，也不利于他们明确自己努力的方向。

2. 说服教育为主

班主任对学生的批评是慎重的，其中包含着老师对学生的爱、关心和严格要求，是师生之间思想上、情感上相互沟通、相互交流、相互帮助的一种方式，而不是为了泄愤整人，或把学生搞得灰溜溜的。因此，班主任要本着团结、教育学生的目的，跟学生摆事实、讲道理，以理服人。切忌随意责骂，无限上纲，或挖苦讽刺，乱扣帽子，造成师生对立。

3. 照顾学生个体差异

对不同个性的学生施以不同的教育，这是教育好学生的基本原则，批评学生也一样，应视不同情况以不同的方式进行。对于性格内向，自尊心较强，各方面比较成熟，善于思考的学生，应该有针对性地摆出问题，把批评的信息传递给他们，让他们自己思考、自我觉悟、自觉改正；对于情绪抑郁、反应慢，学习虽然努力但成绩不太好的学生，则要特别耐心，多给他们指出改正的方法和努力的方向，帮助他们树立前进的信心；对脾气暴躁，行为容易受情绪左右的学生，应采用冷处理、商讨式的批评方式；

对积极上进，性情机敏易受感化的和盲目自大，爱耍小聪明的学生，应多进行暗示和提醒；对错误较重，依赖性强或怀有侥幸心理的学生，则要用严肃的态度、激烈的语气、尖锐的言辞进行批评，使其心灵受到震动。

二、班主任批评的主要方式

批评的方式是多种多样的。采用哪种批评方式，当然要依据具体情况来定。班主任批评的主要方式可以概括为以下几种：

1. 当众批评与个别批评

班主任在运用批评时，一般说来，应尽量采用个别批评，少用当众批评。诸如学生在课外、校外犯的较小的过失，尤其是早恋一类的现象，涉及学生个人隐私，所以一般不适合当众批评。尽管如此，并非个别批评可代替当众批评。本该在全班同学面前说清楚的事若私下解决，就会产生隐瞒包庇犯错误的学生的严重后果，同时不能伸张正义，正确的班级舆论和良好的班风就无法树立与培养。

值得注意的是批评费时费精力，一些老师为了省事，常常把个别学生的错误和问题拿到课堂上来批评。这种简单的方法常会带来一些消极的后果：第一，破坏了一堂课的完整性，打乱了正常的教学秩序，引起大多数学生的反感；第二，干扰了教师自己讲课的情绪，影响了教学质量；第三，言多语失，易说出一些偏激不得体的话，形成被动的局面。因此，当众批评既不能多用，也不该无准备地乱用。个别批评与当众批评相比，气氛更轻松些，回旋余地更大一些，"安全系数"更容易保证一些，班主任应该具体问题具体分析，慎重地采用两种批评方式。

2. 点名批评与不点名批评

这两种方式各有利弊，要灵活运用。尤其是点名批评，必须十分慎重，尽量少用。点名批评时，必须考虑一些因素：点名后，被批评者可能有几种反应，该如何对待？其他同学又会有什么反应，又该如何对待？若估计点名时被批评者可能大吵大闹，那便该暂不批评，先好好核查事实，倾听他本人的意见，真正分清是非，再进行批评。慎重归慎重，凡是应该点名批评的，不可姑息迁就。

3. 外爆式与内爆式批评

所谓外爆式批评，是指用训斥嘲讽等外部压力，竭力使学生难堪恐惧，以达到控制学生行为的目的。其最大弊端在于不能引起学生思考，只能使学生知道不许做什么，甚至影响学生自尊而造成对立。内爆式批评则是用心理分析方法，启发学生思考，促使他自己否定自己的缺点错误，在解决具体问题的同时，达到提高学生自我教育水平的目的。其突出的优点是能引导学生自己体察和转化自己的心理状态，不但能搞清自己不该做什么，而且能懂得应该去做什么，怎么做？换句话说内爆式批评是集制止、诱导和教育于一身的批评方式，应该多提倡，多采用。

4. 批评与提醒

学生的许多小错误，只要提醒一下就可以了，一次不成，可以提醒几次。不要轻易提醒。有低音才有高音，有弱刺激才能有强刺激，班主任应把刺激量多拉开几个档次，能轻微刺激就不强刺激。这样，当你使用强刺激时，才能引起较大震动，批评不可滥用。若频频发生"强刺激"，必定使受批评者产生"抗体"，再刺激就不顶用了。提醒属于轻刺激，只要班主任态度诚恳，学生对提醒反而比对批评更乐于接受。

5. "暗示"批评

所谓"暗示"批评，就是对学生进行批评的时候，不当面直接指出其缺点错误，而用暗示的方法"点"给学生，让学生自己察觉到不足与错误，达到教育的目的。

暗示批评的作用在于通过暗示引导学生"内省"，在内省的过程中认识问题，并加以改正，从而实现自我教育。这样既达到了批评的目的，又培养了学生自我教育能力，增强了教育的效果。同时，由于尊重和保护了学生的自尊心，不会使学生产生抵抗情绪和逆反心理，学生一般都乐于接受。这种方式，对于善于思考、性格内向、思维敏捷、疑虑心较重的学生比较适宜。

暗示批评有三种类型：（1）表情暗示。批评学生时，用表情把要说的话表达出来，让学生从班主任的表情中意识到对自己的批评和要求。（2）行为暗示。班主任用某种行为暗示学生：你错了！老师在批评你。（3）语言暗示。在用"说"的方法批评学生时，不直接表明意见，而是把意见隐晦地暗示给学生。

6. 渐进式批评

批评的进度要有层次，循序渐进，逐步深入，而不要一股脑儿把所有批评信息全部输出。这种批评方式非常适宜于自尊心较强的学生。班主任运用这种方式首先是帮助学生分析原因，指明什么是对的，什么是错的，什么该做，什么不该做，错在什么地方，会造成什么后果。然后再进一步提出严格要求，督促他们加以改正，这样循序渐进，可以使学生事先有心理准备，从而逐步适应，逐步接受，不至于一下子"溃崩"，弄得不好还会造成抵触或逆反。

7. 商讨式批评与发问式批评

商讨式批评是一种较为和缓的批评方式，批评者以商讨问题的态度和商量的语气把批评信息传递给受批评者。它最适用于反应灵敏、脾气暴躁、思想偏激、否定心理表现明显、行为常受情绪支配而情绪又容易被言语激发的学生。

发问式批评是把要批评的事，用提问的方式表达出来，师生共同思考，共同得出正确的结论，使学生联系实际，从中得到批评教育。

8. 对比式批评

对比式批评是借助他人他事的客观形象，运用对比烘托出批评的内容，使被批评者感到客观上的某种压力，认识到自己的缺点和错误。这种方式适用于经历浅、自我觉悟和自我意识稍差，理智感较弱，易感化的学生。

9. 表扬式批评

表扬式批评是通过表扬的手段达到批评的目的。这种方式可使学生在轻松愉快的心境中接受批评，在感受正面教育的同时进一步感受到老师的批评信息，在自我领悟中逐步实现自身的转变。

三、班主任批评应注意的问题

批评是班主任对学生进行思想品德教育过程中经常运用的一种重要方法，必须运用得当，才能达到教育的目的，否则会增加转变、教育学生的难度。因此，是否善于运用批评这一武器是衡量班主任工作能力的重要指标之一。要正确开展批评，必须注意以下几个方面：

1. 多用正面陈述句，少用反问句

"你这样做有什么好处？""你知道这么做的严重后果吗？"等等，是一些班主任常用来批评学生的习惯语句。殊不知这种反问式的批评常常使学生窘迫不堪，只能咬着嘴唇接受老师的"审判"，从而本能地产生防御对抗心理，影响教育的效果。反之，如果班主任能正面指出学生的不是，并诚恳地提出批评意见，会让学生从谈话中感觉到老师对他的尊重和信任，从而心悦诚服地虚心接受教育，自觉改正缺点，有经验的班主任在批评学生时，都很注意用合适的语气说话。中肯感人的批评教育就如同春风化雨，滋润心脾。

2. 要有针对性

班主任要达到批评的目的，必须根据学生的实际状况，诸如学生的气质、性格、家庭背景、教育基础等，有的放矢地采取相应的批评方式。对多血质的学生，班主任运用高亢的语调和尖锐严厉的批评可能会使学生受到震动，正视自己的缺点并加以改正。而同样的方式对于抑郁质的学生来说，会使他们产生恐惧，丧失信心，更加萎靡不振。从学生所犯错误的大小来说，对于所犯错误严重而影响范围较大的学生，班主任宜在班上进行公开处理。处理前要做好学生的思想工作，以免突然宣布处理决定，使学生的思想一时接受不了而做出预料之外的行为。对班上学生所做不良行为的事实虽然清楚，但究竟谁是当事人不甚明了，或者当事人清楚，但涉及面不大，可以采用委婉含蓄、暗示的方式进行批评，引导学生引以为戒，使学生容易从班主任模糊的语言中找到自己的不是，避免类似错误的再次发生。

3. 对事不对人

班主任批评学生的目的是为了帮助学生提高道德认识，改正错误。所以在批评时应该指出的是学生的行为本身有何错误，对社会、学校以及班集体的危害或不良影响是什么，而不应该对作出错误行为的主体（即学生）进行人格侮辱、训斥责骂、冷嘲热讽甚至人身攻击。只有当学生把班主任的批评看做是对自己不良行为的反应时，他改正错误的态度和决心才有可能是坚决的。

4. 慎用厉声训斥

班主任的批评只有讲清道理，分析错误根源、危害，启发学生自己思考，得出正确结论，才能提高认识，从根本上杜绝错误的再次发生。对于犯有严重错误而又拒不认错，或者屡教不改者，给予厉声训斥促其猛醒，当然是必要的。但是如果不看对象，不分错误大小，不分初犯屡犯，一概予以厉声训斥，就不妥当了。虽然训斥中也有道理，但训斥本身极易使学生产生恐惧和对立，经常受到训斥的学生，还会对训斥习以为常，即使老师讲得再有道理，也听不进去。尤其是经常的厉声训斥易使学生形成怯懦、粗暴和不诚实的消极性格特征。

5. 禁止变相体罚

有的班主任对屡教不改的学生失去信心和耐心，不去做深入细致的思想教育工作，而是常常大发雷霆，甚至动手动脚，变相体罚。体罚既违背了崇高的教师职业道德的要求，又破坏了民主平等的师生关系，是不文明、不道德、没有能力的表现，同时极易使学生产生敌对情绪，不可能达到批评学生的目的。

6. 不要当众揭"丑"

人都有自尊心、爱面子。学生犯了过错，总是希望得到保密、谅解和宽容。因此，班主任最好是采用个别批评方式，单独教育。即使须当众批评，也要留有余地，不要过于严厉，尤其对自尊心强的学生更应如此。否则，容易使学生自暴自弃，拒不认错，甚至顶撞老师，从而走到教育愿望的反面，而教师本人也会处于下不了台的尴尬境地。对学生以往的过错，也不要翻老账揭老底，应就事论事地批评其过失。

7. 批评力求准确

班主任对学生的批评教育，最重要的就是掌握准确的事实，做到实事求是。在批评之前，一是要对问题的责任掌握准确；二是要对问题的性质、影响掌握准确。这样才有利于帮助学生分析原因，找到解决问题的方法，对症下药。如果不作调查分析，劈头盖脸地训斥一道，往往难以奏效。比如学生上课不遵守纪律，不同的学生会有不同的原因，班主任就得仔细调查作出准确的分析，批评才会奏效。

8. 重视做好善后工作

所谓善后工作，就是在批评了学生之后，要和学生进行个别谈话，向学生征询你的批评与事实是否相符，请他谈谈挨批评后的想法，师生一起分析过错的性质，找出产生过错的原因，议论可能导致的后果，寻求改正的办法和途径。对个别自尊心特别强的学生，在谈及其过错前，要先肯定他的优点和成绩。必要的时候，还应该向学生解释清楚老师为什么要在那样的时间和场合对他进行批评……这些在当时批评时来不及做、没想到做或不便于做的事都可放在批评后所进行的个别谈话中进行。

做好批评的善后工作，不是跟学生讲好话，无原则地解释和调解，而是既要坚持班规、校规等规章制度，坚持正确的批评，又要化解误会，使学生心理上能够接受，达到强化批评的效果。

总之，无论是表扬还是批评，都是班主任对学生进行品德评价的重要方式，是班主任工作不可或缺的重要内容。如果班主任善于利用表扬和批评，做到表扬及时，批评得当，态度诚恳，分量适中，那么，班级工作一定会取得事半功倍的理想效果。

四、技能教育 13 – 2

【教育内容】
掌握批评的艺术和技能。

【教育目标】
1. 掌握运用批评时要遵循的基本要求。
2. 了解运用批评时所采用的主要方式和必须注意的一些问题。
3. 学会科学、谨慎地运用批评，达到教育学生的目的。

【教育程序】
1. 学习批评理论，掌握有效地进行批评的要求和方法。
2. 提供范例。

案例 13 – 2 – 1

面对学生抄袭作业，我想过很多办法，例如在开学初将书中习题答案部分撕掉、集体没收；作业完成后让家长签字，防微杜渐，不给学生到校抄袭作业的机会；对将作业借给别人抄袭者，一并惩罚……可结果都是"治标不治本"。

看来，"堵"不如"疏"。于是，我在班会上提出一些问题让学生自由讨论：你抄袭过作业吗？你的作业被同学抄袭过吗？为何明明知道抄袭作业不好还要抄？对抄袭作业的同学要不要惩罚？如何惩罚？怎样才能避免抄袭作业现象？……

话音未落，教室里就炸开了锅，学生们纷纷议论起来。小妍说："因为那些题我都不会，所以只能抄同学的。"小新说："我也不想抄作业，可是错了还要改，太麻烦，不如对照同学的作业抄啦！"小平说："作业那么多，我写字又慢，写不完还要挨罚，为图省事就选择抄袭了。"小君说："谁也不想抄作业啊！要是没有作业多好，老师和学生就都没有苦恼了。"……

这些都是孩子的心声啊，可解铃还须系铃人。于是，我让学生各抒己见，提供良方妙计。有人建议将"独立完成作业为荣，抄袭作业为耻"写进班风；有人建议根据学习基础按难易程度分级布置作业；有人建议对抄袭作业行为予以黄牌警告；还有人建议成立四人小组，共同作业，遇到难题先是同学间互帮互助，等到理解后再独立完成……最后，我总结说："老师也补充一条：任何时候遇到困难，可以来找老师，我愿意辅导大家，但抄袭作业绝不能原谅！"

课后，同学们将一些具体的、实际操作性较强的建议归纳后贴在教室墙上，作为班级、作业公约。我则结合大家的建议，成立"培优补差"小组，对有需要的学生进行课外辅导。学期期末，学生已经基本养成独立完成作业的习惯……

杜绝学生抄袭作业是一场持久战，围追堵截、批评惩罚只会让师生双方两败俱伤。我们首先要转变态度，了解学生心理，用科学的方法及时疏导，这些才是最好的批评手段。[1]

3. 掌握批评的主要方式、应遵循的基本要求和注意事项。

4. 结合案例，指出案例中教师运用批评的主要方式及其成功之处。

5. 独立设想自己如果是一位班主任，会选择什么方式批评学生，并以小组为单位进行相互评价。

---

[1]　韩涛. 杜绝"抄袭"，"堵"不如"疏"[J]. 班主任，2014（4）.